软文营销实战宝典

创意、方法、技巧与案例

倪涛 编著

企业管理出版社
ENTERPRISE MANAGEMENT PUBLISHING HOUSE

图书在版编目（CIP）数据

软文营销实战宝典：创意、方法、技巧与案例 / 倪涛编著. — 北京：企业管理出版社，2018.5

ISBN 978-7-5164-1705-8

Ⅰ.①软… Ⅱ.①倪… Ⅲ.①市场营销学 Ⅳ.①F713.50

中国版本图书馆CIP数据核字（2018）第073644号

书　　名	软文营销实战宝典：创意、方法、技巧与案例
作　　者	倪　涛
责任编辑	陈　静
书　　号	ISBN 978-7-5164-1705-8
出版发行	企业管理出版社
地　　址	北京市海淀区紫竹院南路17号　　邮编：100048
网　　址	http://www.emph.cn
电　　话	编辑部（010）68701661　　发行部（010）68701816
电子信箱	78982468@qq.com
印　　刷	北京宝昌彩色印刷有限公司
经　　销	新华书店
规　　格	170毫米×240毫米　16开本　11.5印张　180千字
版　　次	2018年5月第1版　2018年5月第1次印刷
定　　价	45.00元

版权所有　翻印必究　·　印装有误　负责调换

前言
Preface

软文一直存在于现代社会的宣传媒介中,在没有互联网的时代就已出现。当时的软文多以纸媒和电媒的模式传播,也一直是许多企业的营销手段之一。到了互联网时代,凭借一篇简短的软文,再加以有效的推广,就形成了软文营销。

我从2014年初开始撰写软文,时至今日已经写下了数百万字的软文,对励志文体、情感故事,以及广告植入,都深有心得和体会。本书从软文写作入手,分为软文写作、软文营销以及软文营销案例三大板块。每个板块都是软文营销的重点所在、精华所在。本书每涉及一个论述方面,便会加入一个案例,使大家能够更加深入地学习。本书去粗取精,重点在于一步步教会大家如何撰写软文,如何通过软文进行营销。

本书是我四年软文写作经验的总结,以及对软文领域的探究心得。软文营销作为一种人人皆可学、人人皆可用的营销模式,无门槛要求。

本书特色

1. 章节明确、由浅入深、步步为营

本书从软文基础开始,以优秀软文写作为核心,从软文的三要素入门。每一章节的内容讲解都由浅入深,读者边学习、边练习,就一定能掌握软文的相关知识。而新手更是能从第1~3章学会如何撰写软文,再通过第4、5章学习软文的推广,最后在第6章以实操案例为依托,展开对软文的实操学习。

2. 简单好学、案例精准、丝丝入扣

本书内容通俗易懂,无任何难点,只需要大家勤动手、勤动脑、勤观察,善于发现身边的事物,就能写好软文。再加以平台的推广、学习以及掌握软文营销的动向,便可成为一名真正的软文营销高手。

本书涉及的诸多案例,均为实操案例。而一些概念知识也与当今的软文营销形成了差异化,展现出了本书独有的特色。

本书内容及体系结构

  第1章为切入点，介绍软文和学习软文写作的准备工作。

  第2章讲解软文写作的三大核心：标题、正文、关键词。关键词又是软文的核心。

  第3章介绍爆款软文的三个方向：创意、热点和事件，然后以这三个方向展开讲解。

  第4章开始实操，从软文营销的介绍，到软文的发布，正式让读者知道什么才是真正的软文营销。

  第5章介绍软文营销推广，分别从微信推广、QQ推广以及互联网渠道的推广展开。

  第6章介绍软文营销案例，从餐饮、房产、教育及医疗四大行业着手，以实际的软文营销案例，告诉读者如何写出真正的软文。

本书读者对象

- 对网络写作感兴趣的人
- 希望从事写作的人
- 对互联网有兴趣的人
- 软文写手
- 企业文案编辑
- 自媒体人
- 熟知营销但不擅长写作的人

  本书由倪涛编写，参与书稿整理及校对的还有张昆、张友、赵桂芹、张金霞、张增强、刘桂珍、陈冠军、魏春、张燕、孟春燕、项宇峰、李杨坡、张增胜、张宇微、张淑凤、伍云辉、孟庆宇、马娟娟、李卫红，在此一并表示感谢！

编者

2017年12月

目录 Contents

第1章 初识软文 ... 1

1.1 软文是什么 ... 1
- 1.1.1 软文概述 ... 1
- 1.1.2 软文写作的"疾病" ... 5
- 1.1.3 软文是"鱼饵",你是"钓鱼人" ... 7
- 1.1.4 传统软文与网络软文 ... 8
- 1.1.5 常见的软文推广平台 ... 11

1.2 写作前的准备 ... 13
- 1.2.1 先有调查,后有思路 ... 13
- 1.2.2 市场调查,全面进攻 ... 15
- 1.2.3 抓痛点的软文,才是好软文 ... 16

1.3 软文的分类 ... 19
- 1.3.1 新闻类软文 ... 20
- 1.3.2 故事类软文 ... 21
- 1.3.3 促销类软文 ... 23
- 1.3.4 悬念类软文 ... 23
- 1.3.5 逆向思维类软文 ... 24
- 1.3.6 情感类软文 ... 25
- 1.3.7 创意类软文 ... 26

第2章 软文写作三大核心 ... 31

2.1 软文关键词,增加软文曝光度 ... 31
- 2.1.1 关键词的常见类型 ... 31

- 2.1.2 关键词的设计技巧 ……………………………………………… 34
- 2.1.3 设计关键词的具体步骤 …………………………………………… 38

2.2 软文"标题党",做一个合格的"标题党" …………………………… 40
- 2.2.1 标题的重要性 ……………………………………………………… 41
- 2.2.2 怎样写出优秀的软文标题 ………………………………………… 42
- 2.2.3 做一个合格的"标题党" ………………………………………… 45
- 2.2.4 软文标题速成法则 ………………………………………………… 46
- 2.2.5 了解读者需求,才能写好标题 …………………………………… 48
- 2.2.6 如何用标题来吸引读者 …………………………………………… 49
- 2.2.7 软文标题常见陷阱 ………………………………………………… 50

2.3 软文内容,打造文字营销军队 …………………………………………… 52
- 2.3.1 软文写作四大法则 ………………………………………………… 52
- 2.3.2 掌握软文开头的写法 ……………………………………………… 53
- 2.3.3 如何在软文中植入广告 …………………………………………… 56
- 2.3.4 软文结尾合理 ……………………………………………………… 58
- 2.3.5 软文重点——如何提高客户转化率 ……………………………… 59

第3章 爆款软文的三个方向 …………………………………………… 61

3.1 有创意的软文 ……………………………………………………………… 61
- 3.1.1 创意软文的撰写要求 ……………………………………………… 62
- 3.1.2 创意软文的思维方法 ……………………………………………… 66
- 3.1.3 以创意改创意才更有创意 ………………………………………… 69
- 3.1.4 逆向思维,让创意无限绽放 ……………………………………… 71
- 3.1.5 脑洞大开,学习经典创意 ………………………………………… 74

3.2 追热点的软文 ……………………………………………………………… 76
- 3.2.1 为什么要追热点 …………………………………………………… 76
- 3.2.2 什么样的热点值得追 ……………………………………………… 78
- 3.2.3 追热点的常见套路 ………………………………………………… 83
- 3.2.4 不会追热点,千万别硬追 ………………………………………… 86
- 3.2.5 追热点未必就会成功,失败经历分享 …………………………… 88

3.3 事件性软文 ··········· 91
3.3.1 什么是事件性软文 ··········· 91
3.3.2 事件性软文的产生 ··········· 91
3.3.3 如何写好事件性软文 ··········· 92

3.4 快速创作软文 ··········· 93
3.4.1 快速写作的基本要素 ··········· 93
3.4.2 写作大忌，中途打断 ··········· 95
3.4.3 怎样批量写作 ··········· 95
3.4.4 小结 ··········· 96

第4章 开始软文营销 ··········· 97

4.1 熟知软文营销 ··········· 97
4.1.1 什么是软文营销 ··········· 98
4.1.2 软文营销的战术 ··········· 100
4.1.3 软文营销的三大核心 ··········· 102

4.2 软文的发布 ··········· 104
4.2.1 认识软文发布平台 ··········· 105
4.2.2 常用的软文发布平台 ··········· 107
4.2.3 如何选择合适的软文发布平台 ··········· 111
4.2.4 六点注意，成为真正的软文发布专家 ··········· 113

4.3 软文营销重在营销 ··········· 115
4.3.1 制订软文的营销计划 ··········· 115
4.3.2 如何在软文中插入广告 ··········· 117
4.3.3 软文中的痛点营销法 ··········· 118
4.3.4 软文中的赞美营销法 ··········· 120
4.3.5 软文营销常见问题解答 ··········· 122
4.3.6 软文营销的风险性 ··········· 125

4.4 软文营销实战案例 ··········· 127
4.4.1 为什么用户要购买你的产品 ··········· 127
4.4.2 怎么才能让用户消费 ··········· 129

  4.4.3 真正的用户需求，你找对了吗 …………………………………… 130

  4.4.4 案例：买房找我VS这就是你的家 ……………………………… 131

第5章 软文营销的推广 ……………………………………………… **133**

 5.1 软文的微信推广 ………………………………………………………… 133

  5.1.1 什么是微信推广 …………………………………………………… 133

  5.1.2 微信推广的优点 …………………………………………………… 134

  5.1.3 微信推广的战术 …………………………………………………… 135

  5.1.4 微信朋友圈的推广技巧 …………………………………………… 136

  5.1.5 解读微信推广软文 ………………………………………………… 137

  5.1.6 微信公众平台推广技巧 …………………………………………… 138

 5.2 软文的QQ推广 ………………………………………………………… 140

  5.2.1 QQ推广之前要知道的事 ………………………………………… 141

  5.2.2 QQ邮件的推广 …………………………………………………… 141

  5.2.3 QQ空间的推广 …………………………………………………… 143

  5.2.4 QQ群的推广 ……………………………………………………… 145

 5.3 软文的互联网推广 ……………………………………………………… 146

  5.3.1 软文的论坛推广 …………………………………………………… 146

  5.3.2 软文的博客推广 …………………………………………………… 150

  5.3.3 软文的微博推广 …………………………………………………… 151

  5.3.4 软文的百度渠道推广 ……………………………………………… 152

第6章 软文营销案例 ………………………………………………… **157**

 6.1 餐饮类软文 ……………………………………………………………… 157

  6.1.1 餐饮类软文的写作技巧 …………………………………………… 157

  6.1.2 餐饮类软文的写作注意事项 ……………………………………… 160

  6.1.3 案例分析：城市带来了小山村的美味 …………………………… 161

 6.2 房地产类软文 …………………………………………………………… 162

  6.2.1 房地产类软文的写作技巧 ………………………………………… 162

  6.2.2 房地产类软文的三个层次 ………………………………………… 164

- 6.2.3 案例分享：好的店铺，发家的源头 ········· 165
- 6.3 教育类软文 ········· 166
  - 6.3.1 教育行业推广存在的问题 ········· 166
  - 6.3.2 软文营销改善教育行业推广的窘境 ········· 167
  - 6.3.3 案例分享：曾经的懦弱，如今的坚强 ········· 168
- 6.4 医疗类软文 ········· 170
  - 6.4.1 医疗软文的写作思路 ········· 170
  - 6.4.2 案例分享：龅牙妹的春天 ········· 172

第1章 初识软文

自媒体流行的时代,越来越多的人希望通过发布文章赚到一些收入。但是这些文章并不具备一定的"攻击性",因而并不能被称之为软文。真正的软文就像一支强大的军队,是具备营销价值的,是可以为企业带来利润的。

软文是一种文字广告,但是又区别于传统的硬广。软文是一种将广告植入文章当中的模式。我们将这种通过植入广告,刺激消费者消费产品的文章,统称为软文。

1.1 软文是什么

文章人人都可以写,但是软文写作就必须经过一段时间的学习和磨炼才能掌握。软文主要是公司内部的一些策划以及文案人员,通过自身对行业的了解进行布局,最后在热门文章、经验分享、短片故事以及好奇八卦等类型的文章中植入本公司的产品,以此来提高公司的曝光度和促进公司的产品销售。

在传统意义上,我们对广告的认知就是纯粹的广告,这种纯粹的广告我们称为硬广。经过不断的创新,于是就有了不偏离核心,却又更加容易被用户接受的软广,也就是软文。

1.1.1 软文概述

在最开始出现的时候,软文的效果并不理想。因为软文质量不高,虽然相比硬广大大节省了成本，但是难以被大众接受。然而，随着互联网渠道和各种新型平台的诞生，软文也随之变得多样化，更加容易被用户接受，也成了各个行业在互联网上的营销利器。许多公司也大力招聘拥有强大文字功底的软文写手，由此可见软文写手在各行各业都成了重要而不可或缺的岗位之一。

那么在学习软文之前，我们就要弄清楚，为什么说软文写手是公司重要的岗位之一？学习软文能不能为我们带来价值和好处？

1. 省钱

企业为了实现产品销售，会投入大量成本用于宣传、推广。尤其是我们所看到的硬广，比如线下的各大地铁公交站，线上的视频播放前的广告，都属于硬广，而且效果也非常好。但是这类广告的成本非常高。在互联网上，形形色色的广告层出不穷，我们都知道百度成了中国非常知名的网络搜索引擎，而CEO李彦宏也成了富豪榜上的名人，但是有人会问，我又没有付钱给百度，他怎么挣钱呢？你是没有花钱，但是商家花钱了，这就是百度竞价的核心所在。

所以只要涉及广告，就必然是要花钱的。但是软文的出现，就解决了企业最大的一个难题。一篇软文靠的不是金钱的多少，也不是时间的多少，而是软文写作功力的多少，所以具有省钱、省时间的绝佳优势。再者，一篇优秀的软文是会被用户认同的，互联网上的分享、转载等功能正是在为企业做免费的宣传。

案例 1-1

以百度搜索"英语培训"为例，我们可以看到如图1-1所示，百度排名的前四位后面均有广告标识，这就是百度竞价，也就是商家向百度支付费用，来获取在百度上的竞价排名，也就是说这是需要花钱的，而且会根据商家的出价高低来决定展示结果的排名。并且它是按照点击量收费的，一个IP在24小时之内点击一次收一次费用。竞价费用之高，并不是一般的小企业能够接受的。

再来看图1-2所示的搜索结果，其中没有任何广告标识。这种排名叫作自然排名，是不需要花钱的。一篇软文如果能够获得自然排名，无论点击多少次都是不收费的。

图1-1 竞价排名

图1-2 自然排名

2. 提高网站排名

外链的重要性正在日趋降低,自从自媒体诞生之后,搜索引擎也越来越重视原创软文。现在几乎每个公司都有自己独立的网站,而要想通过网络来销售自己的产品,那么网站的排名就至关重要了。而这一切也与SEO(搜索引擎优化)息息相关,现在搜索引擎更多地将获得自然排名的重心放在了有价值的原创文章上。所以只要公司拥有出色的原创软文写手,那么网站自然排名的效果可想而知。

3. 增加品牌效应

品牌是一家公司的形象，而且是非常不易建设的，需要花费大量的时间、金钱、人力、物力来提高公司的正面曝光度。虽然建设不易，但是也不代表不用建设。这就像人或企业的成功，都不是一朝一夕实现的。如果我们想要持续性地打造品牌效应，那么最简单的方法就是通过软文的方式，不断在互联网各大平台上投放。因为每个知名的网站平台都有固定的用户人群，长久下去，公司的品牌效应自然会得到提升。

案例 1-2

以阿里巴巴为例，当用户想要了解这家公司的时候，便会在百度上进行搜索，如图1-3所示。这个时候我们通过撰写一篇关于阿里巴巴的文章，就能正面烘托出阿里巴巴的形象，借此来提高阿里巴巴的品牌效应。当然目前阿里巴巴的品牌已经不需要推广了。将阿里巴巴换成其他的公司，同样也可以使用这种方法。

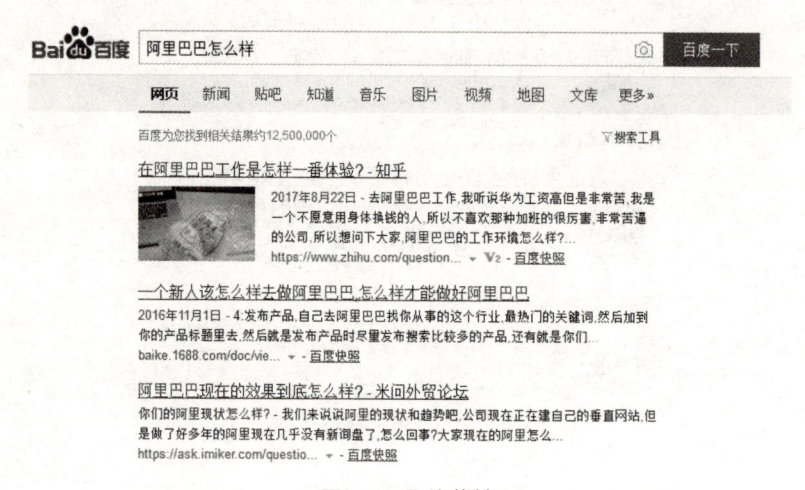

图1-3 品牌营销

4. 提高业绩，增加收入

网站有了排名，自然就有了流量，而流量就具有直接的价值。一篇优秀的软文一定要首发在自己的网站上，然后投放到其他平台。优秀的软文是流量的发源地，软文足够优秀，才能带动网站的流量。

案例 1-3

现在依靠竞价排名进行推广的公司数不胜数,而且大多数以专题为主,主要原因是专题依靠布局策划和美工设计能够让用户更加容易接受。但是也有许多网站依然将文章作为竞价的落脚页。我们不妨随意百度搜索一个词汇,点击进去依然是一篇文章。而这种类型的文章,多出自软文写手和文案之手,更多的是用于提高业绩的转化,而不是与营销不相干的日常更新。

1.1.2 软文写作的"疾病"

软文写作没有我们想象的那么难,当然也没有那么简单。在了解了软文的定义之后,相信许多读者开始跃跃欲试了,准备"大展拳脚"。同时我相信许多人都能写出文章,但是能写文章并不代表能写软文,能写软文并不代表能坚持,能坚持并不代表能成功。所以在正式开始学习之前,我希望大家能够清楚地了解,在软文写作的过程中,我们将患有哪些"疾病"。综合起来就是如图1-4所示的四大"疾病"。

图1-4 软文写作的四大"疾病"

1. 不能坚持

请记住这句话:"习惯很简单,坚持很难,坚持变成习惯就一点都不难。"这句话是我自己多年经验的总结。不得不说现在的软文写手很多,但是往往比较浮躁。有些人甚至看到了太多虚假的营销文章,比如一篇文章就能月入百万,然后总是幻想着自己也能做到。但是往往一次次挫折之后,就选择了放弃。

在我写作的这几年,发现大部分新写手关注的第一个问题就是怎样通过文章快速挣钱。我只能很遗憾地告诉他:"我写了三年才考虑将文章变现,并且做到月入十万;我的前辈写了八年之后做到年入一百万,你现在还没有开始写就想挣钱?"写文章确实能挣钱,但这一切都需要靠坚持才能做到。

许多新手既不懂营销,又不懂借力,也无法写出好的文章,只是在写了几篇文章之后,发现阅读量低得可怜,而且没有任何收入,就选择了放弃。所以我们在真正决定写文章之后,一定要记住四个原则,即多看、多想、多写、多分享,再加上坚持。

不能坚持称之为"懒"病。

2. 无章可写

很多写手经常会遇到这个问题,他们总是会说:"我不知道写什么。"出现无章可写的情况,完全是因为自己的思路没有打开。这个思路就像习武一样,找到了方法(内功)就能水到渠成。写文章过程中,最开始可以想到什么写什么,但是文章的内容肯定一般,也就是我们俗称的流水账。在那之后一定要注意,写之前最好整理一下思路。

无章可写的人是因为他们在闭门造车,不善于通过向外界的学习来打开自己的思路。原本就是流水账的文章,加上无人阅读,最后也只能放弃。无章可写是一件很可怕的事,会使自己陷入一个谜团。他们会认为不是自己的文章不好,而是不知道写什么,如果能够知道自己应该写什么,就一定能写出非常优秀的文章。用我的话说,这种人就是活在梦里,而不是活在当下。

无章可写称为"意"病。

3. 先有广告后有文

先有广告后有文章是错误的,正确的应该是先有文章后有广告。许多人学习软文营销就为了宣传广告,但殊不知真正的软文营销高手是将广告无声无息地插入到软文当中去,而不是一开始就将广告展现出来,让用户读完文章之后,细细品味之下才发现原来这是一则优秀的广告。虽然我们的目的是营销,但如果最初就让用户明确得知,那他们是不会继续阅读下去的。

所以我们要记住,"千字文章十字广告"才是优秀的广告。这十字广告无论是品牌、联系方式,还是自我包装,都能植入到文章中去。软文并不一定就要有广告,而且这种先入为主的思想千万要不得。软文写作是一门学问,而不是单纯做广告。

先有广告后有文称为"职业"病。

4．虚假无真、胡编乱造

软文是一种营销的手法，可以讲故事，但是不能虚假。现在有些软文写手会胡乱编写各种文章，以为此种类型的文章就能博得各大网站的喜爱，殊不知这种毫无根据的文章，只是一种卑劣的手段，没有任何实际意义。文章一定要写得有根有据，才会使用户相信。

虚假无真、胡编乱造称之为"谎"病。

5．小结

在我们正式学习软文写作之前，一定要深刻地认识到，自己将来会不会被这四种"疾病"所困扰。如果自己不能成功地消灭这些"疾病"，那学习软文之路将毫无收获可言。

1.1.3 软文是"鱼饵"，你是"钓鱼人"

如果将互联网比作一个巨大的池塘，那么互联网上的潜在客户就是一条条肥硕的大鱼。如果将软文比作鱼饵，用来钓起这些鱼，那么软文写手就是钓鱼人。钓鱼人不能一次将鱼饵放得太足，否则鱼儿一下吃饱就走了，也不能将鱼饵放得太少，鱼儿都没有兴趣。所以在我们钓鱼之前，必须做好充分的准备。

钓鱼人想要钓起鱼儿，就需要和鱼儿做斗争。软文写手与读者和用户的关系同样如此，我们需要将读者引导到营销的目的地，所以要写出读者感兴趣的文章，最后勾起读者阅读下去的欲望。

1．施小计引上钩

一种方法，那就是将发酵过的米酒洒在某个地方，然后将带有鱼饵的鱼钩垂下，钓到鱼的数量一定比其他地方要多。软文也是如此，作者所写的文章可以决定读者的阅读走向，能够吸引读者的文章才是好文章。

所以我们在写软文的时候一定要注意，什么时候让软文达到"高潮"，激起用户的兴趣，而又在用户提起兴趣的时候选择付费阅读或者联系索取全文的方式，这种方式就能大大提高软文的价值。

2．选好鱼饵之摆明观点

要想将产品推销给用户，其中有一个最重要的环节，那就是得到用户的信任。生活中我们可以通过当面交谈，对他人的言谈举止察言观色，以便能够判断对方是否在说谎。而软文则是以文字的形式获取用户的信任。

想让用户相信我们，首先我们就要摆明自己的观点，尤其是一些大众所认同的观点。

案例 1-4

以具体的观点进行阐述，往往能事半功倍。举例来说，"绝大多数人之所以失败，是因为不够坚持"这个观点我相信大家都不会否认。

3. 选好鱼饵之案例与数据

在软文营销当中，案例和数据是最能使用户信服的东西。案例的作用是因为有具体的事实存在，而数据则是根据众多事实得到的数据分析。单纯地阐述远不如使用案例和数据要来得实在。

案例 1-5

有一家知名服装店，原本生意确实做得不错，由于希望更好地扩大销售额，于是不断在网上强调"我家的衣服卖得很好"，但是效果并不理想。我了解到他们的困境之后告诉他们应该这么写，"某某地区百分之六十以上的女性都来了这家店"，然后在软文当中以案例和数据来说明，这些数据是名副其实的。这样的改进比之前那种硬生生的自夸要好很多。

1.1.4 传统软文与网络软文

软文的起源其实是很早的，只不过真正得到广泛传播可能借助了互联网的力量。当然网络软文不仅仅是将传统软文搬到互联网上，才称之为网络软文。网络软文与传统软文的区别是巨大的。

传统软文的可信度一般比较高，例如报纸就是传统软文营销的发源地；而网络软文的可信度比较低，因为互联网是一个低门槛的平台，并不像正规纸媒一样必须经过专人审核。那么传统软文对比网络软文都有哪些优势和劣势呢？

1．传统软文的优势和劣势

传统软文的唯一优势就是可信度高，由于用户具有固定思维，认为能上书上报的内容是资深专家才能提供的，所以往往人们对线下报纸、书刊的软文广告有较强的信任度。

至于劣势就比较多了，如图1-5所示，这也是现在越来越多的软文写手转战互联网平台，从而衍生出网络软文的原因。

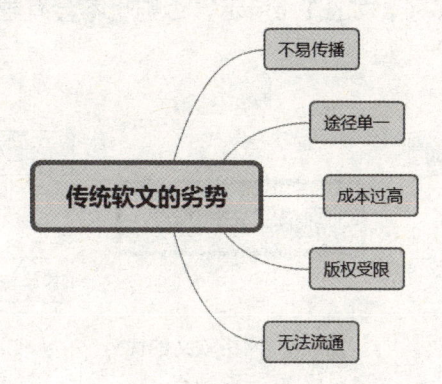

图1-5 传统软文的劣势

劣势一：不易传播，且不易保存。现在购买并阅读报纸的人越来越少，人手一部智能手机的年代，使人们更加不愿意阅读报纸上的新闻。很少人看的情况下，谁愿意传播呢？更何况纸制品更容易损坏和脏污。

劣势二：传播途径过于单一。传统软文传播的渠道只存在于报纸和书刊当中，除了这两者之外就没有其他任何传播渠道了。

劣势三：成本太高。相比网络媒体，报纸和书刊成本较高，用户需要支付的金钱比较多。

劣势四：版权受限，不易推广。如果刊登或者发表了某篇文章，那么这篇文章就是受法律保护的，如果想要转载，就需要得到授权。而想要联系到一般的纸质媒体作者本人是极其困难的。因为这样的因素，传统软文想要得到推广就存在很大的局限。

劣势五：传统软文是"一潭死水"，死水是不能流通的。文章刊登在纸媒上，用户阅读之后想要发表一下自己的观点不太现实。

2. 网络软文的优势和劣势

网络软文相比传统软文来说，优势远大于劣势。网络软文唯一的劣势，当然也是最重要的劣势，就是容易被抄袭。在网络上经常会出现这样的情况，原创作者写的文章没有引起关注，相反另外一个互联网的营销人转载之后，却引起了巨大的反响。原创作者的网络文章不能得到完善的版权保护，是网络软文最大的劣势。

至于优势就比较多了，如图1-6所示，否则也不会有越来越多的人投身到网络软文创作中去。

图1-6 网络软文的优势

优势一：存在时间长。网络软文是通过网站发布的，而网站是被搜索引擎收录的。只要不出现文章被删或网站被关停等特殊情况，那么该网络软文就会一直存在于互联网中。

优势二：增加热点。如果一篇文章的内容足够吸引人，并且能够得到许多网站的关注和转载，那么这篇文章就会被推上热点。

优势三：隐形推广。活跃在互联网上的并不全是原创的写手，各大网站或者小型站长就会时不时地转载一些其他原创作者的文章，还有一些用户觉得文章写得优秀，便会分享到微信朋友圈或者其他社交平台。这种转载或分享的模式，对于软文来说就是一种隐形的推广。

优势四：利于渠道引流。如前所述，大部分企业会有自己的网站。当我们将一些网络软文发表到其他平台，并且采用的是超链接的形式，那么当用户点击超链接，就进入了企业自己的网站。

3. 小结

整体来说，现在是互联网的时代，传统软文被关注得越来越少，大家不妨问问自己，有多久没有看过报纸和书刊了。对一些乐于学习的人来说，更多的或许是看实用的书籍,然而书籍是人类的精神食粮却并非广告宣传。人们更多的是通过网络软文来关注社会上的动态,所以在这个阶段我们更加有必要学习如何写出一手好的网络软文,以便在互联网时代得到更多的收获。

1.1.5 常见的软文推广平台

软文是营销的载体,软文并不是写给我们自己看的,而是写给用户看的。想让用户看到软文,就需要借助推广。一篇软文只有与推广结合起来才能算得上是真正的营销。就像"酒香也怕巷子深"一样,再好的软文如果不推广出去的话,那也只能是一篇"死文",而"死文"是不能带来任何价值的。

下面先初步介绍网络上能够使用的推广平台,后面会陆续介绍如何使用这些平台。软文推广的平台如图1-7所示,主要是博客、论坛、百度贴吧、QQ、微博、微信等。而因为互联网时代的更新交替,现在互联网上最有价值的平台就是微博和微信。

图1-7 常见的软文推广平台

1. 博客

在微博没有出现之前,博客在互联网上具有广泛的影响力,许多用户从传统的QQ空间日志转移到互联网博客上。博客是互联网2.0时代的典型代表,许多知名互联网写手均常驻博客。现在许多个人自媒体小型站长,虽然拥有自己独立的网站,但是其前身依旧是博客。

现在的博客已经没有曾经的影响力,但是不得不承认博客的出现造就了最早一批喜欢在互联网分享并记录自己生活的网友。虽然如今依旧存在许多博客平台,但是都没有太大的推广价值,只有新浪博客、凤凰博客、网易博客及博客大巴等平台还能起到一定的作用。

2. 论坛

论坛的出现主要基于某个特定的人群，或者地域性，方便网友进行沟通。论坛其实并不利于软文的推广，但是利于一些营销性的问题推广。论坛常见的形式是提出问题，请求一些有经验的网友来解决问题，所以并不适用于软文推广，但是论坛依然是增加曝光度的有力渠道。在论坛做软文推广有一个很大的弊端，那就是很容易被论坛的管理员删帖，尤其是一些名气比较大、每个板块有专人维护的论坛。

案例 1-6

论坛的形成多基于网友相同的爱好或地域，举例来说：某位写手的业余爱好是收集老旧唱片，而正好有一个唱片论坛，上面聚集了许多对唱片情有独钟的用户。于是他写了一篇关于唱片的软文，并在其中留下了自己的联系方式。这种营销帖子不会被论坛的版主删除，因为作者确实是一个论坛的真正用户，而且软文内容也非常利于促进网站的发展。

再举例来说：河南开封有一个企业老板，他想在当地举办一场开封本地人的聚会活动，希望更多的人能够知道，以此来增加他的知名度。于是他找人写了一篇关于开封聚会活动的软文，这篇软文被版主推荐到了首页，并且得到了上万的阅读和上千人的报名参加。

与博客推广相比，论坛的推广效果具有局限性，所以要针对特定的情况选取不同的论坛进行推广。

3. 百度贴吧

根据我多年的网络营销经验，百度贴吧具有较好的引流效果，但想要实现成交是比较困难的。百度贴吧中可能存在一些低俗的引流手段，一些互联网上的灰色行业多使用贴吧进行引流。我们从贴吧当中能吸取营销的经验，但是要慎行。在进行软文营销时，要注意保证自己的形象，否则只会适得其反。

4. QQ

QQ推广多见于QQ空间和QQ群，但QQ用户被微信大量分流，现在越来越多的用户将流量引向了微信。然而这并不意味着QQ没有推广作用了，QQ的流量依然存在。

5．微博

我们可以看到，新浪博客与新浪微博一直存在着微妙的联系。微博的主要优势是用户能够通过它快速查看他人的一手信息，并且更新自己的信息，以此来获得他人的关注。微博更像我们从前使用的QQ空间，但是又区别于QQ空间需要添加好友，而不是主动推荐。所以微博更多的是整合了博客和QQ空间的优势而诞生的新媒体推广平台。

6．微信

微信现在是热门的网络推广渠道之一，也是现在各种新型媒体推广的平台。微信营销主要集中在微信公众号的推广和微信朋友圈的分享。所以只要我们能够写得一手好软文，在微信公众号上运营，以微信朋友圈为分享要点，那么很快就能实现可观的推广效果。

7．小结

推广平台在互联网上一直存在，关键在于我们如何利用这些平台，将我们所撰写的软文推广出去，以此来增加公司与个人的曝光度，形成稳固的营销模式。

1.2　写作前的准备

所谓"不打无准备之仗，不打无把握之仗"，这就告诉我们，无论做什么事都要做好充足的准备。面试之前需要准备简历，比赛之前需要热身，我们写软文同样也是需要做准备的。

在写作之前，我们需要首先了解的是，我们需要写什么，这就是我们写作前的准备。我们不能随便写，千万要记住，我们写的软文是具有"攻击性"的。

一篇成功的软文绝对不是凭空写出来的，而是经过了深入的市场调查，再借以实例分析，最后加以合适的推广力度，最终才成为一篇成功的软文。所以在写作之前一定要做的准备就是市场调查。

1.2.1　先有调查，后有思路

许多人之所以连文章都写不出来，就是因为他们连自己要写的是什么都不知道，根本无从下手。而且软文必须有一定的营销性，应该能够促进销售，达到成交的目的。越是有这种需求，就越要知道自己所写的软文是朝的哪个方向，而这个方向又正是用户感兴趣的。想要把握这个方向，就必须在开始写作之前做好调查工作。

1．为什么要做市场调查

社会在发展，市场也在不断变化。之所以要做市场调查，是因为每个商品处于不同的地区、不同的时间、不同的材料、不同的推销模式，以及其他一些客观因素。这些不同的情况相互制约，又相互影响，并且在不断发生变化。因此，我们策划软文时，不仅要适应这种发展变化，更要通过市场调查及时地掌握市场动向，从中找出营销的亮点，以便我们能有针对性地撰写软文。

关注热点，撰写热点文章，需要对热点进行一个阐述，再发表自己的言论，这也是一种市场调查。而对企业来说，是否能够掌握市场的一手信息，并进行适当的宣传，也是软文策划的重点所在。

2．市场调查的具体作用

市场调查是软文写作的起点，也是企业营销策划的基础。无论是前期的撰写软文，还是中期的软文推广，以及后期的市场成交，市场调查都起着重要作用，如图1-8所示。

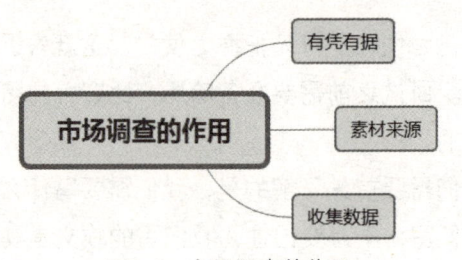

图1-8　市场调查的作用

作用一：有凭有据。在做任何一点有价值依据的定义的时候，我们都需要提供相关佐证和参考资料，因为用户也会去核实软文内容的真实性与准确性。

作用二：素材来源。写不出软文就是因为没有收集到合适的素材，软文是用文字素材组合而成的文章。软文是多变的，营销更是多变的，不深入地研究、学习和收集，自然写不出好文章。

作用三：收集数据。小事以案例说话，大事以数据说话。在这个互联网大数据的年代，我们在写软文之前要做好充足的市场调查，在推广软文之后，从后台收集展现量、阅读量、评论数、分享转载数以及最后的成交率。通过这些数据的收集，我们可以评价该平台是否值得再次投放，或者软文是否需要加以改进。

3．市场调查的形式

市场调查的形式有很多种，可以是对一篇文章的读后感，也可以是对整个行业的数据分析，这并没有严格的规定，主要取决于我们所希望带来的价值。如果我们希望从消费者手中获取利益，那么我们就要针对消费者经常关注的话题，以及消费者经常访问的平台进行市场调查。如果我们只是简单地发表一下自己的观点，并不要求从中获取任何金钱上的利益，那么只需要简单地浏览一些话题性比较强的文章，以此来取得关注。

1.2.2 市场调查，全面进攻

市场调查的重要性不言而喻，当我们决定进行市场调查之后，更加需要了解的是，结合线上与线下都有哪些市场调查的方法。

1．问卷调查

问卷调查是目前互联网上常见的调查方法，有各大问卷调查网，百度评测也有这一栏目。问卷调查主要是将市场上的一些需求，以单选或者多选的形式，确定好固定的人群和投放的区域，以问卷的方法，让一些用户填写，最后得出相应的数据。

设计调查问卷的时候，一定要从常规的角度进行，尤其是互联网上的问卷调查，我们并不知道对方是男是女，年龄多大。所以采用常规的问题进行调查，可以有效地去除一批没有价值的答卷，得到相对真实的调查数据。

2．线下访问

线下访问是在一定范围内对特定人群采取面对面的方式进行访问，以便直接获取资料。线下访问的方法一般有路边访问、小区住户访问以及电话访问。线下访问有很多困难，主要是大部分人的防范心理非常大。

路边访问是常见的一种访问方式，主要由两人或多人实现。一人负责在街边寻找合适的访问对象，通过解说让对方到另一人处进行访问调查。但是这种调查方法就像街头发传单一样，很容易遭人拒绝。

小区住户访问更多的是针对住户的需求，以小区为目标，挨家挨户地敲门，并告知做一个资料调查。访问人员最好以一种官方通知的模式进行访问，否则很容易被人拒之门外。

电话访问也同样存在很大的弊端，即接通率及对话率十分低，而且使用电话访问基本很难深入。

Tips

现在做市场调查更多的不是从未知用户那里直接获取信息，而是可以从已经购买的消费者手中获取市场调查的资料。已经购买了产品就可以客观地进行评价，可以让生产厂家从各个方面去改进，并且可以方便我们针对用户的需求进行软文策划。

1.2.3 抓痛点的软文，才是好软文

在进行市场调查之后，下一步需要将我们调查的结果植入到软文当中去。但是需要明确的是，调查和分析的结果只是简单生硬的数据，如果我们只是单纯地将数据誊抄一份，它不会有任何价值，这种生硬的软文，是没有用户喜欢看的。所谓软文，就是将生硬的广告数据，变成一篇吸引用户的文章。

那么怎样才能将这些数据变成吸引用户的文章呢？绝大部分用户都是平凡人，但是他们也在追求不平凡，而这种不平凡就是典型的痛点所在。现在一些成功的软文，都是抓住了用户的痛点才得以成功。如何抓住用户的痛点？我们可以从如图1-9所示的几个要点展开。

图1-9 抓痛点的方法

痛点的意义并不是刺痛用户的内心，而是抓住用户心理上容易接受和认同的东西。我们只有抓住用户的真正痛点，并且很好地表达出来，才是真正的好软文。

1. 归属感

用户和我们一样，年龄越大越没有归属感，唯一的归属感也就是身边的小圈子。这种小圈子可以让用户觉得不再孤独。人本身就存在着不一样的标签，而一些有消费能力的人可能会给自己贴上（或者被贴上）这样的标签——小资人士、都市白领等。当这些人给自己下了诸如此类的标签定义之后，我们就可以开始进行软文的植入了，让他们认同只有这种消费产品才配得上自己。

案例1-7

在一栋高档写字楼里，每天出入的都是企业白领，他们有着较强的消费能力。这栋写字楼附近有一家西装店，店铺装修并不豪华，平时无人问津，老板也是苦不堪言。后来老板找到我，让我想想解决的办法。于是我提议他将店铺重新装修，并将店内宣传语写为"都市白领、成功人士的西装首选"。再印刷一些宣传单，突出显示"这是一款精致的西装，出自名师之手，更是都市白领的象征。"他接受了我的建议，果不其然，在发完广告宣传单之后，他的生意好了很多。甚至有许多白领告诉老板，说衣服质量比之前好多了。

随后那个老板找到我，"为什么现在衣服卖得那么好了？"我告诉他："因为之前的衣服没有让他们找到归属感。"老板疑惑地说："可是衣服是同样的啊。"我说："因为'都市白领'四个字，他们是白领，自然要选择与他们匹配的衣服。这是他们身份的象征，他们自然有了购买的欲望。"听了我的话，老板恍然大悟。

2. 满足感

人之所以会开心，是因为得到了满足，比如"占便宜"就会有满足感。许多用户在购买了打折商品之后会非常开心，这就是商家的一种战术和策略。但是我要说的不是这种广义上的满足感，而是潜在的满足感。

案例1-8

有一个精品店的店长，她所经营的店铺有着极高的销售业绩，于是许多销售人员前往请教经验。

有一天，一位销售新人来到她的店铺，问她该如何将店里的产品卖给客户。正好这个时候一对小夫妻来到了这家店铺，于是她对这个新人说："你看着，我是怎么卖出去的，然后再跟你说其中的道理。"

此时女士正在选购商品，男士在一旁帮忙参谋。男士对商品没有太大的感觉，可是女士不一样。突然女士看到了一款非常漂亮的皮包，于是与男士商量。男士找到店长询问这款皮包的价格。店长报了价格后看到男士心存疑虑，便接着说道："其实这款皮包还有一段故事，你想不想听一下？"男士顿时好奇了起来。店长说，"在去年的时候这款皮包也被一个人看中，当时她买不起，现在她凭借自己的努力在演艺圈也有了一定的名气，每当她心存困惑的时候就会提起这款皮包，以此来鼓励自己。"男士听了之后顿时觉得这款皮包值得购买，并且付了款。在男士付款之后，店长还告诉他，如果下次遇到了那个明星，会要到签名邮寄给他。以这样的条件，男士也痛快地留下了自己的联系方式，随后带着女士离开了这家精品店。

前来学习的销售新人看呆了，店长不仅能将商品成功地卖出去，还能让用户主动留下联系方式。店长问销售新人："你看懂了吗？"销售新人点点头说："看是看懂了，但是不知道其中的含义。"店长微微一笑说："我之所以能将商品卖出去，是因为我抓到了他满足的痛点。也就是说，商品本身是有价的，一般人追求物美价廉，而来我们这种精品店消费的都是不缺钱的人，但是不缺钱也并不代表他们会乱花钱。所以我们要想办法让他们得到满足，他们关注的并不是价格的高低，所以单纯的打折未必能起到作用。所以我们需要满足的是他们心灵上的需求。我刚才讲的那段故事，正好满足了他心灵上的需求。"

销售新人听到这里，茅塞顿开，无论是打折也好，虚荣感也好，只要能抓住用户的满足感，就能成功地将商品销售出去。

3. 责任感

从出生开始，我们就扮演着不同的角色，这些角色也赋予了我们相应的责任。比如：学生上学是责任，毕业之后工作是责任，情侣之间相爱是责任。但有一种责任是不变的，那就是作为子女要孝敬父母的责任。

案例 1-9

学生上学是责任，那么学生上学就需要购买学习用品。如果我们是销售学习用品的店铺，就可以在软文中写："为了能够让子女有充足的学习动力，这是作为家长的责任。"以此来刺激家长购买一些有助于子女学习的用品。

责任是每个人心中的一块石头,我们可以用软文的方式将石头搬开,这样就担负起了责任,也为相应的角色减轻了压力。

4. 安全感

用户在购买产品的时候,首先考虑的并不是价格,而是质量与安全性。所以我们可以从产品的质量与安全性相结合出发,以此来增加消费者对产品的信任度。正所谓一分钱一分货,相信绝大多数的用户在购买产品的时候,如果对产品足够信任,那么就会惯性地认为,这件产品是值这个价的。产品的安全性是必须真实、有保障的,我们只是将事实通过软文的形式让用户知道,而不能捏造。

案例1-10

以销售家电为例,新闻上有关于使用家电时触电身亡的报道。我们都知道三孔插座相比两孔插座而言更加安全,最重要的作用就是让触电的机会大大减少。

所以如果我们在策划推广一款产品的时候,不妨以一些劣质产品事件作为对比,从自己产品的优势角度进行描述,增加用户对产品的信心。

5. 恐惧感

有安全自然就有恐惧,相比安全,恐惧更会催生用户的购买欲望。尤其是用户担心的一些事,比如:你怕变胖吗?那么你就要买减肥产品。你怕你的孩子输在起跑线上吗?那你就要为你的孩子报各种培训班。你怕自己拿不到高薪吗?那你就要参加职业培训。人们总是在担心着各种各样的事,也正是因为如此,才催生了各行各业的发展。

1.3 软文的分类

本节将通过介绍软文的一些常见类别(如图1-10所示),使大家了解各类软文的特点和撰写方法,并能够真正学以致用。

图1-10 软文的分类

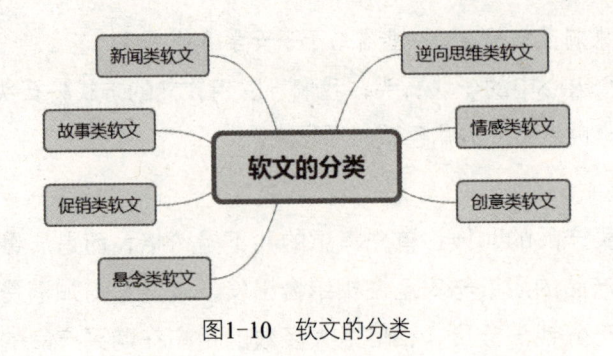

1.3.1 新闻类软文

新闻类软文就是通过新闻的形式来告知用户，并且引发用户的消费动机。

新闻类的软文往往是依靠热点新闻进行创作的，而不能用"旧闻"，这样一方面可以借助热点进行营销，另一方面可以大规模地收集用户信息。如果借助的新闻热点足够火爆，那么在短时间内无论是企业的产品还是企业本身，都能快速地提高知名度。

普通的软文很难得到广泛的关注，但是如果我们在软文中加入这样的词汇，比如"据某台报道""某记者报道"，就可以提高软文的影响力。在撰写新闻类软文的时候，一定要谨记，不一定非得是电视台报道出来的才是新闻，新闻也可以是自己公司的一些信息。

一般企业在策划新闻类软文时可以考虑以下三点。

1. 对象

现在什么样的新闻最容易受到关注？答案其实很明确，那就是明星。我们看看互联网上的热门新闻，大部分是与明星相关的。那么这里可以学到一点，就是"借明星的影响力，实现企业与产品的推广"。

2. 真实

一张与软文主题相关的图片，能让用户更直观感受其真实性。

3. 时机

时机就像一辆不知道什么时候才会来的公交车，如果公交车来了你却不上，那只能等下一辆了，而下一辆什么时候来，没有人会知道。所以把握好时机很重要，比如：2017年夏天上映的《战狼2》，在未上映之前就得到了非常高的关注度，那时候无数写手都去写关于《战狼2》的软文，也从中获得了巨大的流量。但是你现在再去写的话，还会有人看吗？

通过如图1-11所示的数据我们可以看到，《战狼2》在2017年7月底和8月初的热度最高达到了190万之多，这证明关注的用户数量是极其庞大的。而7月初和9月初的时候几乎没有什么热度，这就证明9月份以后就没有多少用户再继续关注《战狼2》了。

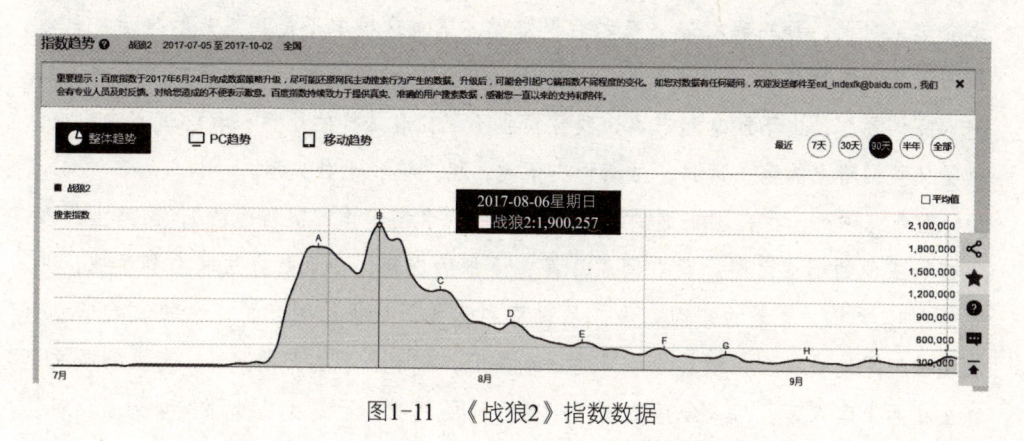

图1-11 《战狼2》指数数据

1.3.2 故事类软文

一个会写故事的写手，绝对可以称得上是"灵魂写手"。

单纯地写故事和带有营销目的去写故事，肯定是不一样的，我们要学习的是后者。每个人都喜欢看故事，无论是什么类型的故事，只要内容写得足够好，就会吸引读者，就会产生推广效果。

所以，我们要学会写一个精彩的故事。而写故事只是其中的一个步骤，更重要的是将产品广告悄无声息地植入故事当中去。

案例1-11

生活在这座繁华的都市，在他人看来，我年轻有为，有着自己的公司，平时出入各种高档场所，每天都过着让人羡慕的小资生活。这是一种所有出身穷苦家庭的孩子都希望得到的生活，但是没有多少人知道，我也曾十分迷茫，不知道前途何在。

我曾在一家工厂上班，因为没有学历，又来自农村，所以很自卑。因为自卑我变得十分内向，不愿意跟人说话，每天除了上班就是玩游戏。每当在网上看到一些很成功的人，我就会觉得自己很无能，恨自己为什么没有学到那么多知识。因为我认为只要拥有足够的知识，生活就能慢慢好起来。过了几年，我还是没有摆脱那种困境。

我每天只好不断地工作，通过加班来麻痹自己。就这样，我只有在忙碌的时候才会忘记自己，每当我心静下来之后就发现，原来这根本不是我想要的生活。虽然我的工资也有所提高，但是我依旧开心不起来，我觉得这种生活太压抑了。我不敢进入高档餐厅，也不敢拿起书本，我觉得我不配拥有那样的生活。我尝试着走出来，但是又被网络上的骗子欺骗，虽然损失不大，但是让我十分失落。

直到有一天，我在网上遇到了一个人，他的名字叫作"实名倪涛"，网络上许多人都知道他的创业之路。我查阅了许多关于他的资料，并且想办法联系到了他，并开始向他学习。他会的东西很多，从程序到优化，从推广到竞价，从软文到营销，他都手把手地教我。在跟着他学习的一年多里，我学会了怎么做网站，怎么写软文，怎么在网上卖东西。后来他跟我说，年轻人就要创业，于是我从他那里拿到了项目，并开始推广。现在两年过去了，我也拥有了自己的公司，自己的用户。我摆脱了曾经那个让我痛苦的工厂，也终于找到了自己。

真心感谢"实名倪涛"，他告诉了我太多做人的道理和挣钱的方法，他让我记住，始终要不忘初心，才能越走越远。

这是一篇很直白的故事，讲述了一个人的改变，而且反映了当前年轻人的一些问题——除了上班就是玩游戏，毫无动力可言。但这也是一篇软文，在里面植入了一个人的名字，让其他有需要的读者都可以找到他。如果读者不仔细阅读的话，是不会留意到这个植入动作的。

这类故事软文以改变自己为故事主体，更容易引起读者的关注和共鸣。在设计故事的时候，一定要提倡正能量，以一种历经挫折，同样也能站起来的姿态告诉读者——我行你也行。

故事类软文讲究的是在合适的地方，以准确的转折点进行植入。就像案例中写到的，作者现在过着满意的生活，之前却是一个对未来充满迷茫的年轻人。那么读者就很想知道作者是怎样改变人生的，由此而产生阅读下去的欲望。

1.3.3 促销类软文

在学习此类软文之前,我想让大家了解一个问题,那就是现在最能引起消费者欲望的是什么?答案就是打折和促销。我们可以看到每当节假日的时候,因为打听和促销,无论是线上还是线下的购物热度是远超平时的。

促销类软文一定要提前策划,而不能今天写明天就促销,因此我们要给客户充足的准备时间。就我对电商行业的了解,订货一般需要提前半年到一年,而软文要至少提前一个月做准备。

促销类的软文多见于活动时间,配合节日气氛的烘托。在准备促销类软文的时候,一定要确定主题,软文要围绕主题去撰写。通常来说,主题多围绕假期与促销为主,比如:为了回馈新老客户,本店特在国庆期间举行特大减免活动,凡购买达500元者减免200元,多买多减。在活动期间,通常采用的技巧是恢复原价之后再减免。但是一定要记住,切忌虚假宣传。

通常来说,促销类软文结合节假日可以整合为如图1-12所示的三个方面。

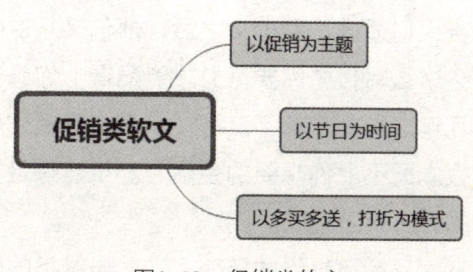

图1-12 促销类软文

1.3.4 悬念类软文

要想写出悬念类型的软文,一定要记住设置好足够巧妙的悬念,给用户猜测的空间。我曾经在一本书中读到,有一个非常成功的店铺,店主策划的宣传语只有一句,那就是"你们想让我开什么店,我就开什么店。"这样是不是给人一种乱来的感觉?但正是借助这种宣传语,让他的店铺成了当地独一无二的店铺。

撰写悬念类文章的时候一定要把握好尺度,不能太过。用户的好奇心是有限的,所以我们必须在准确的时间抛出问题,并且在承诺的时间兑现答案,否则只能适得其反。

悬念类软文主要讲究话只说一半，以问题引发用户的猜想和关注，足够多的关注才能带来推广效果。所以我们在撰写悬念类软文的时候，一定要将产品包装得足够吸引人。比如：某公司新研发一款产品，它可以改善人类的吃住问题，这个产品究竟是什么呢？这种话题模式能吸引用户的关注。

1.3.5 逆向思维类软文

在我所写的上百万文字当中，最多的就是逆向思维软文，也就是"励志"和"腹黑"。之所以这么说，是因为以前流行单方面的励志文章，也就是我们所说的"心灵鸡汤"文。可是越来越多的人发现，心灵鸡汤根本没有什么作用，依然改变不了自己。后来又出现了反心灵鸡汤的文体，也就是腹黑文体。在我看来，两者的本质区别并不大，只是一种是正面鼓励，另一种则是反面抨击。鸡汤喝多了会麻痹自己，腹黑的文章看多了也会麻痹自己，最终能改变自己的还是只有自己。

其实，真正成功的是那些写文章的人。当人们在最初迷茫的时候，他们写出了鼓励性的励志文；当人们适应了励志文之后，他们又从逆向思维的角度写出了腹黑文。比如励志文会这么写，"你要努力才能配得上你想要的生活"，其实这种道理谁都知道，近几年这种文章都不流行了。那么腹黑文出来了，腹黑文就会这么写，"你的努力根本配不上你想要的生活"。虽然只是简单的改变，但是后面这种文体是当代人的另一碗毒鸡汤。

这里不说其他文章，只阐述思维的转变。逆向思维类的软文，其实很明确地告诉了我们，现在有太多平凡的文章，其效果堪忧。这个时候我们就要用到逆向思维，正所谓反其道而行之，或许会有意想不到的收获。

逆向思维，就是不按照逻辑来撰写文章。比如我之前看到《淘宝不死，中国不富》这篇文章之后，我写了一篇《淘宝死了，中国也不会富》，引起了巨大的反响，而此时我正是用到了逆向思维。正所谓思路决定出路，而思路不能变成死路，走的人多了就会变成死路。

案例1-12

每个人、每个企业都在争当第一，但是有一家公司，老板却别出心裁地想到了一个办法，在所有宣传文案中都以"第二名"自居，比如在宣传语提到"本市营销第二的公司""全世界第二好的老板""全国第二大销售平台"。就这样连续的曝光之后，引起了很多人的注意，都好奇居然有自认第二的公司，这家公司获得了成功的推广。

逆向思维的核心在于"逆向"这两个字，在撰写软文的时候一定要记住，热度越高的文章，争议性也就越大。所以我们可以选择特殊的角度来阐述自己的另类思想。思想在有争议的话题面前是没有绝对的对与错，但是目的是一致的。我们都是为了营销自己，或者营销自己的产品，起到推广的作用，逆向思维比正常思维更能得到出其不意的效果。

1.3.6　情感类软文

在这个不用考虑温饱的年代，人们的消费能力越来越高，我们除了会关注产品价格的高低、质量的好坏以及数量的多少，还会要求更多人性化的服务，通俗地讲就是打感情牌。这就成为软文营销的切入口，如何将感情植入到软文当中去，也是一门学问。

商家追求利润，所以希望能够将产品卖给顾客。以现在的微商行业为例，大多数微商做不好是因为他们将重心放在了做广告上，而不是做情感上。人不会单单因为饿才会吃饭，购物也是，消费者并不是等着我们的产品救命，更多的时候人们之所以会消费，完全是因为有主观的意愿。我们不能将那种等待用户前来购买商品的模式叫作营销，而且在这个互联网时代，我们更多的是要将用户需要又犹豫不决的产品卖出去，这才是营销。

那么，我们在撰写软文的时候，就可以将自己想象成用户的家人、恋人、朋友。互联网思维一直强调的是注重用户体验，我们可以从亲情、爱情以及友情三个出发点来真正实现高质量的用户体验度，如图1-13所示。

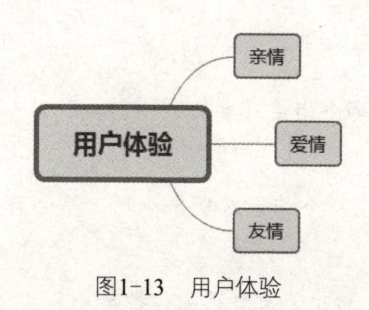

图1-13　用户体验

情感类软文的最大特色在于，用户能够感受到你是在真正关心他，而不是单纯想将产品卖给他。对非必需的商品，大部分人的购买欲望很低，经常只是看一看、摸一摸而已。而如果我们的文章写得足够贴近用户，能够让用户产生共鸣，那么我们的软文营销就成功了。

案例 1-13

情感类文章，首先将自己当作购买之后的用户，讲述在未购买该产品前，自己是什么样的状态，而在购买该产品之后又是什么样的状态，最后讲述该产品对自己的正面影响，自己也越过越好。我们要相信，每个人都希望自己变得更好，而这其中改变生活状态的人或事物就成了关键。

情感类软文不能像故事类软文一样太抽象，也不能像悬疑类软文一样让读者揪心。情感是朴实的，生活是平凡的，将平凡的生活写得不平凡，并能刺激消费者的购买欲望，才是真正的情感类软文。

1.3.7 创意类软文

简单来说，可以将此类创意软文认为是"神转折"软文。何为创意？创意更多的是创造出其不意，此类软文的核心就是如此，以引人关注的话题，加以"神转折"的写法，让读者有一种措手不及的感觉。

好的创意是能够被所有人认同的，也是能够打动用户的。因为创意的出其不意，让用户也不得不承认，这是一则绝佳的广告。下面以案例的形式展示我曾经写过的一篇创意类文章，虽然有诸多不足，但也被许多朋友认可。

案例 1-14

案例标题：《王三峰的那个相亲对象》

1

王三峰家里给他介绍了一个相亲对象李小环。李小环是个漂亮的95后，王三峰是个奋斗的90后。

王三峰在外创业打拼，希望能有自己的一番事业。

双方父母都希望他们能早日成婚，王三峰不得不将李小环带到深圳。

王三峰老实，李小环漂亮；

王三峰好静，李小环好动；

王三峰爱好读书写字，李小环喜欢逛街购物；

王三峰毕业三年，创业两年，李小环刚毕业没多久，连工作都没有做过。

这样的两个人走到一起，王三峰觉得或许是缘分，但看到李小环的美貌更多的是珍惜。

深圳是一个很神奇的城市，王三峰用两年时间走遍了中国四大城市"北上广深"，最终选择了留在深圳。

李小环第一次来深圳，刚下飞机，李小环跟王三峰说，希望能在这里有一个属于自己的家。

王三峰很欣慰，同时也感觉很无助，深圳的房价早已让他望尘莫及。

行走在深圳这座大都市，李小环很开心，在路上不停地说着她在学校里的事。天真可爱，或许就是对她最好的形容。

王三峰不知道自己是否会喜欢她，也不清楚她是否会喜欢自己，王三峰只知道总会有一个人要和自己一起走下去，无论是谁。

2

王三峰问李小环：你还小，为什么要相亲呢？

李小环：可你不小了啊。

王三峰很无奈地笑了一下，心里想着，我才23就不小了。

王三峰：那你为什么要选择和我在一起呢？

李小环：因为我觉得你是一个靠谱的人。

王三峰靠谱吗？

他自己也不知道。

李小环刚开始很难融入深圳这座城市，但逐渐王三峰发现，李小环打扮得越来越漂亮，回家也越来越晚。

刚开始王三峰还以为自己脑子笨，刚毕业时碰了无数的钉子才有了一份稳定的工作，又由于自己不甘心平凡而选择创业，事业逐渐才有了一些起色。

可有一次王三峰在外约见客户，无意之中看到了李小环。

李小环站在一家魅族手机专卖店门口，挽着一个中年男人，有说有笑。

王三峰看到之后，气不打一处来，跑到李小环面前。

那个中年男人看到怒气冲冲的王三峰就赶紧走了，留下了李小环一人。

3

王三峰：那个男人是谁？

李小环：是我的一个客户。

王三峰：客户为什么看到我就跑？

李小环：可能他有急事吧。

王三峰：那你为什么还要挽着他？

李小环一句句地回答着，可渐渐变成了争吵，争吵之下王三峰将自己的手机摔在了地上。

就这样，王三峰第一次跟李小环大吵了一架。

围观的人越来越多，人们误认为起因是女孩想要买手机，而她的男朋友不愿意，为了一部手机而吵闹起来。

那一天王三峰喝了很多酒，他知道这个社会很乱，所以他比任何人都要努力，可现实却是这样。

他很不甘心，心里真的很痛。他痛人性本恶，他痛当初那个天真可爱的小女孩为什么会变成这样，他想到了和李小环分手。

他在微信上给李小环留言，想和李小环当面说清楚。

王三峰觉得李小环早已不是当初那个小姑娘，他觉得她已经被物质所侵蚀，她不想吃苦，她想要过上更好的生活。

李小环答应了，她说，就在上次吵架的那个魅族手机专卖店门口见吧。

4

那天晚上，王三峰见到李小环。

李小环问了他一句：你知道我为什么会挽着那个人吗？

王三峰一脸嘲笑地说：那还用说吗？

李小环说：那是因为我希望他买手机，你以为我不知道这些男人想的是什么吗？你以为我就那么自甘堕落吗？你以为我这么拼命是为了什么？不就是为了让你负担小点吗？我每天看到你早出晚归地工作，我也想多挣点钱啊。你就只知道骂我，你有关心过我的工作吗？

王三峰一脸尴尬地说：你说的是真的？

李小环说：你以为呢？我既然选择了和你在一起，就一定会和你一起努力的。

王三峰说：对不起，我错怪你了。

李小环说：你知道我为什么约你在这里吗？

李小环说着从包里拿出了一件东西，递给了王三峰。

王三峰打开一看，原来是一部最新款的魅族PRO6手机。

原来当时王三峰将自己的新手机摔在地上的时候，李小环记在了心里，于是在吵完架之后自己掏钱买了一部新手机。

李小环说：现在还生气吗？这部手机比你之前用的好多了。三种颜色我给你选了最好看的银色，魅族PRO6都是经过特殊改良的，相机有两千万像素。你不是用4G网吗？魅族PRO6三大运营商都可以用，还可以大大减少流量的损耗。

看着李小环越说越有精神，王三峰觉得自己真的错怪了她，而且她居然发现了一款这么好的手机。

5

李小环看着发呆的王三峰，对他说：现在我们还分手吗？

王三峰傻傻一笑：不了，不了，以后都不了，我们要一直在一起。

谁说相亲的就难有幸福？

谁说女人到了社会就一定会变得现实起来？

那只不过是你们没有遇到对的人，王三峰开心地搂着李小环一起回家了。

这篇创意软文不算优秀，但也值得大家学习和鉴赏。切入点是现在年轻人的热门话题"相亲"，现在相亲的人越来越多，大家都非常想知道相亲之后会发生什么。读者们最常见到的就是吵架、出轨、外遇等八卦类事件。于是我在这里写了一个符合大众口味的吵架事件，事件集中在某手机店门口的时候，大家的重心都在吵架这件事上。点睛之笔在于摔手机、买手机的过程，这时大家都清楚地知道了，原来这是一则广告。广告中的详细信息是硬性要求，如果不是客户硬要加上去的话，我想许多人可能不会认为这是一则软文广告。

对于创意类软文，一定要记住，要出其不意才能效果显著。一方面让读者体验到了有趣的故事，另一方面也让读者欣然接受广告的植入。

Tips

学习软文就像修炼内功，许多人永远不知道为什么自己的软文写不好。那是因为他们只是停留在表面功夫，知识是死的，运用到生活当中才能变成活的。这个内功就是技巧和经验的积累，而不是每天练习书本上的一招半式。我在分享软文营销、SEO网络营销，以及对产品的选择和创业之路的艰辛时，经常会遇到许多眼高手低的人，他们有着雄心壮志，却不在学习上下功夫，总是觉得自己已经学好了，但是一遇到问题又不知道怎么解决。

软文写作是一门非常高深的学问，其中包括对文字的敏感、文章的布局、渠道的推广、数据的反馈分析以及各种人际关系的处理，本书的软文营销学习之路，也才刚刚开始。

第2章 软文写作三大核心

一篇完整的软文通常由三部分组成,分别是关键词、标题及内容。这三部分就是软文写作的核心部分,每个部分就像一个零件,将软文组装起来,最终形成一个具有"攻击性"的强大武器。

2.1 软文关键词,增加软文曝光度

软文的关键词通常是用户搜索的关键,我们将其称为"关键词搜索"。这种"关键词搜索"也是网络搜索的主要方式。这证明关键词不仅在软文中起到重要的作用,在互联网中也占据着举足轻重的地位。

对软文来说,关键词是用来将软文核心内容展现的重要部分。如果我们能够精确而巧妙地设置好软文的关键词,那么对于我们提高软文的曝光度和转载分享数量是有巨大好处的。

2.1.1 关键词的常见类型

软文关键词,无疑是整篇软文的核心力量。那么我们通常所说的关键词又是什么呢?所谓的关键词指的是用户在搜索引擎的搜索框中输入的一个或几个词语,通过这些关键词,用户可以快速找到想要的结果,如图2-1所示。

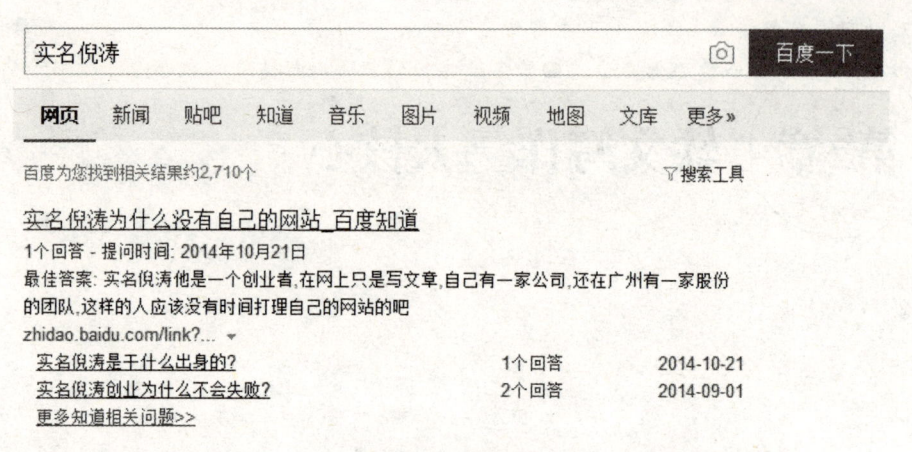

```
实名倪涛                                    [📷]  百度一下

网页  新闻  贴吧  知道  音乐  图片  视频  地图  文库  更多»

百度为您找到相关结果约2,710个                        ▽搜索工具

实名倪涛为什么没有自己的网站_百度知道
1个回答 - 提问时间：2014年10月21日
最佳答案：实名倪涛他是一个创业者,在网上只是写文章,自己有一家公司,还在广州有一家股份
的团队,这样的人应该没有时间打理自己的网站的吧
zhidao.baidu.com/link?...▼
    实名倪涛是干什么出身的？             1个回答    2014-10-21
    实名倪涛创业为什么不会失败？          2个回答    2014-09-01
更多知道相关问题>>
```

图2-1 关键词

关键词在互联网中一般为产品、服务、企业以及各大网站的名称，这些名称可以由一个或多个词语组成。而软文的关键词，通常是以下几种形式出现的。

1. 核心关键词

所谓核心关键词，通俗来说就是我们所营销的主题，一般指的是最简单同时搜索量最高的词语。比如某业务公司以代写软文为主，那么该网站的核心关键词就可以是：软文代写、软文推广、软文营销等。

案例 2-1

核心关键词不仅仅存在于软文当中，也存在于各行各业。

比如：经营保健品的公司，核心关键词可以设置为"养老保健品""日常保健品""养生保健品"。

比如：某大型动漫网站，核心关键词可以设置为"动漫""好看的动漫""日本动漫"等，其中"日本动漫"这个关键词主要来源于日本动漫的影响力。

2. 辅助关键词

辅助关键词又称为相关性关键词或者扩展性关键词，通常是核心关键词的衍生，对核心关键词起到辅助和补充的作用。在一个网站中，辅助关键词可以是多个，在补充核心关键词的同时，也肩负着通过SEO的优化技术，吸引目标客户的功能。辅助关键词的选择较灵活，只要是与核心关键词相关的都可以，并没有绝对的定位。

辅助关键词不仅可以是词语，也可以是短语，往往从用户的搜索习惯中获取，而用户也会在不同阶段使用不同的搜索语法，比如"××是什么"这种搜索方式，通常代表第一次接触新鲜事物的用户。

案例 2-2

假设核心关键词是"软文营销"，那么对普通网民来说"什么是软文营销""软文营销是什么"都是很好的辅助关键词；

而对于了解软文营销并希望学习软文营销的用户，我们就可以将"软文写作""怎么写好软文""10万+软文需要怎么写"作为辅助关键词；

当然还有一种就是需要借助软文营销来获利的企业，他们通常会搜索"软文营销渠道""排名比较好的软文平台"等关键词。

所以我们在选取辅助关键词的时候，要全方面地考虑所有用户的需求，这些辅助关键词都可以为我们带来流量。

3. 长尾关键词

长尾关键词是对辅助关键词的一个扩展，因为用户不仅会通过词语（核心关键词）以及短语（辅助关键词）进行搜索，有些目的性比较强的用户，还会通过句子进行搜索，也就是长尾关键词搜索。比如"哪家公司软文营销做得好""软文营销推广找谁"等都属于长尾关键词。

长尾关键词有一个很明显的特征，就是搜索的词语比较长。这种关键词不会有很大的搜索量，但是准确率很高。长尾关键词往往由2～3个词语组成，或者是用户习惯搜索的某个句子。它不仅可以存在于标题当中，也可以存在于内容当中，如图2-2所示。

案例 2-3

如图2-2所示，我们可以看到，"英语培训机构"这个关键词由"行业+服务+公司"构成，是一个典型的长尾关键词。这种类型的关键词是很常见的，我们可以照猫画虎，将所策划的营销进行词汇组装，也可以提高推广效果。

图2-2　长尾关键词搜索结果

2.1.2　关键词的设计技巧

通过2.1.1节我们了解了什么是关键词以及关键词的分类。而在了解了这些基础知识之后，我们想要设计优质的关键词，还需要了解关键词的密度、关键词的竞争度以及关键词的相关度。关键词对软文来说是至关重要的，只有选择了合适的关键词，才能让我们的软文在搜索引擎中获得更好的排名。

关键词的密度，就是关键词出现的频率，即关键词在某个网站或者某篇文章出现的次数，次数越多，频率也就越高，密度也就越大。当然这个密度也有一定范围，一般来说维持在3%～8%即可。

关键词的竞争度，指的是当用户搜索某个关键词之后，搜索引擎当中显示大量结果，而我们通过优化自己的网站，或者借助第三方平台在其中取得较好的排名。

关键词的相关度，一般用来做分析，主要体现在该网站的内容是否围绕着该关键词而展开。这也侧面说明了，一个好的关键词也需要匹配到相应的标题和内容。

在了解了这些知识点之后，就可以开始设置我们所需要的关键词了。

1. 站在用户的角度

所谓"知己知彼,百战不殆",我们必须通过换位思考,将自己想象成用户,以用户的思维去选词,了解用户的搜索习惯,如图2-3所示。

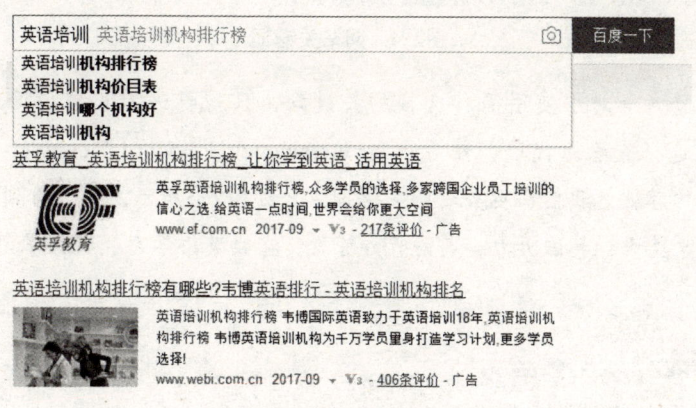

图2-3　用户搜索

案例 2-4

想知道用户的搜索习惯其实很简单,通过百度提供的数据,就能很快找到结果。如图2-3所示,我们很快就能发现,当用户搜索"英语培训"的时候,其他用户同时也会搜索"英语培训机构排行榜""英语培训机构价目表""英语培训哪个机构好"以及"英语培训机构",这样我们就能很快找到用户的搜索习惯了。

2. 站在对手的角度

我们通过软文做营销的时候,面对的不仅仅是用户,还有竞争对手。了解竞争对手,最直接的办法就是去观察竞争对手选用了什么样的关键词。

案例 2-5

假设我们是一家英语培训机构的推广人员,如图2-4所示,"英语培训、英语学习、学英语、英语教育、海外游学、海外留学"是我们网站的关键词。

```
<!DOCTYPE html PUBLIC "-//W3C//DTD XHTML 1.0 Transitional//EN" "http://www.w3.org/TR/xhtml1/DTD/xhtml1-transitional.dtd">
<html xmlns="http://www.w3.org/1999/xhtml" master="blank.master">
<head id="Head"><!-- CTI-ETOWNSP2 : /englishfirst/default1.aspx : 9/27/2017 8:28:51 AM : SITE.E1SCHOOL.HOMEPAGE : B2C : cn : E1ef : cs : U --><title>
全球少儿英语,儿童英语,成人英语培训专家</title><meta http-equiv="Cache-Control" content="no-transform" /><meta http-equiv="Cache-Control" content="no-siteapp" /><meta http-equiv="content-type" content="text/html; charset=UTF-8" /><meta name="author" content="EF English First Ltd" /><meta name="robots" content="index, follow" /><link rel="canonical" href="http://www.ef.com.cn" /><link href="//cncelm.ef-cdn.com/englishfirst/styles/common.aspx?ctr=cn&amp;lng=cs&amp;ptr=E1ef&amp;agent=Chrome58&amp;v=38-1" rel="stylesheet" type="text/css" /><link href="//cncelm.ef-cdn.com/englishfirst/styles/temp.aspx?ctr=cn&amp;lng=cs&amp;ptr=E1ef&amp;agent=Chrome58&amp;v=38-1" rel="stylesheet" type="text/css" /><link href="//cncelm.ef-cdn.com/englishfirst/styles/newsplash.aspx?ctr=cn&amp;lng=cs&amp;ptr=E1ef&amp;agent=Chrome58&amp;v=38-1" rel="stylesheet" type="text/css" />
<meta name="description" content="提供儿童英语、少儿英语、成人英语和商务英语培训以及海外游学和海外留学课程,采取独特的英语口语和听力培训方式,是您学习英语的首选英语培训机构。赶紧登陆EF
英孚教育官网课程,开始英语学习之旅" /><meta name="baidu-site-verification" content="URqgDXNecx" />
<meta name="keywords" content="英语培训,英语学习,学英语,英语教育,海外游学,海外留学" />
```

图2-4 网站关键词

想要知道竞争对手使用了什么样的关键词,只需要进入相应的网站,并点击鼠标右键,选择查看源代码,然后找到<metaname="keywords" content=""/>,其中content里的内容就是我们需要查看的关键词了。如图2-5所示,可以看到竞争对手的关键词是"学英语、英语听力、英语听力练习、在线英语学习、英语学习网站"。

```
<!DOCTYPE html PUBLIC "-//W3C//DTD XHTML 1.0 Transitional//EN" "http://www.w3.org/TR/xhtml1/DTD/xhtml1-transitional.dtd">
<html xmlns="http://www.w3.org/1999/xhtml">
<head>
<meta name="renderer" content="webkit" />
<script>var _hmt = _hmt || [];</script>
<meta http-equiv="Content-Type" content="text/html; charset=utf-8" />
<title>听力课堂 - 学英语,英语听力,英语听力练习,在线英语学习网站</title>
<meta name="keywords" content="学英语,英语听力,英语听力练习,在线英语学习,英语学习网站" />
<meta http-equiv="Pragma" contect="no-cache" />
<meta property="qc:admins" content="44342564777641673413366454" />
<meta name="description" content="听力课堂是国内最受欢迎的开放式英语学习网站,提供海量英语听力mp3下载(在线学习和免费下载),以及各种免费学英语资料,让您迅速提升英语听力水平,攻克英语学习难关!" />
<link rel="shortcut icon" content="favicon.ico" type="image/x-icon" />
<script type="text/javascript" src="http://image.tingclass.net/statics/js/2014/jquery-1.11.3.min.js"></script>
<link rel="stylesheet" type="text/css" href="http://image.tingclass.net/statics/css/2014/base.css" />
<link rel="stylesheet" type="text/css" href="http://image.tingclass.net/statics/css/2014/index.css" />
<script src="http://image.tingclass.net/statics/js/2012/jquery.KinSlideshow-1.1.1s" type="text/javascript"></script>
```

图2-5 竞争对手网站关键词

通过观察自己网站的关键词和竞争对手网站的关键词,我们就能很容易对比优化。

3. 规避通用关键词

做软文营销,一方面是通过推广渠道获取固定用户的关注,另外一方面则是要能够保值。而保值的方法,就是通过搜索引擎持续获得靠前的排名。所以我们在撰写软文的时候,尤其要注意,一般通用的关键词往往已被一些竞价用户占据。为了能够吸引更多的用户,我们在选择关键词和撰写软文标题的时候,一定要选择有自己特色的关键词。在这个营销普遍靠竞价的年代,没有足够多的竞价预算的前提下,应该慎用通用关键词。

案例2-6

什么样的关键词是通用关键词呢?这里可以告诉大家一个鉴别方法,词语越短越通用,比如"英语""教育""电商""金融"等,这些行业大词都可以称为通用词,通过软文做营销的时候,切记不能选择这种词汇。我们可以选用的关键词可以是

"深圳哪家英语培训机构最正规""广州哪家教育平台最好""武汉哪家电商平台值得加盟""上海哪家金融公司值得投资"等，这些词汇能够很好地规避因为通用词而无法排名靠前的问题。

4．利用关键词扩展

关键词的扩展主要是营销者通过不同的方法挖掘出一些吸引用户的关键词，引导用户进行大量搜索，提高流量。我通常使用的方法有两类，一类是地域性的关键词扩展，另一类是能够促进成交的关键词扩展。

（1）地域性关键词：地域性关键词有许多优点，尤其是对当地的一些企业和公司。尽管互联网不分地域，但是许多用户更青睐于当地的产品，就像远亲不如近邻一样，总会选择自己更信任的。而且地域性关键词做起来也比较轻松，不必面对全国的竞争压力。

案例 2-7

我觉得食品和餐饮是最适合做当地需求推广的，虽说有外卖平台这样方便的产品，但是也不妨碍我们做营销。比如荆州某家蛋糕店，有一定规模，虽然也在某团上开了店铺但是效果一直不理想。蛋糕店老板是我的朋友，他找到我，并告知了我其店铺的问题。于是我到他的店里坐了一天，发现其实经常有年轻女性经过这家店，之所以没有人进来购买是因为这家蛋糕店曝光度不够，没有什么名气。后来我通过网络搜索发现，网上关于荆州蛋糕店都是各大团购网站的信息。于是我在网站撰写了一篇《爱吃甜食的外国美女为什么爱上了荆州》，并发布到许多知名平台以及有关荆州的各大贴吧与交流群。这篇文章以犀利的文笔，加上吸引女孩点击的疑问标题，将朋友的店铺宣传了一番。很快这家蛋糕店吸引了许多女孩的光顾。就这样，一篇带有地域特色的软文取得了很好的效果。

（2）促成成交的关键词：有成交才会有转介绍，任何商品能够卖出去才是成功的，哪怕是没有利润，只要做好准备就会带来意想不到的效果。

案例 2-8

还是我那个在荆州开蛋糕店的朋友，他的蛋糕店之所以能火起来，靠一篇文章是不行的。我跟他商量，这篇《爱吃甜食的外国美女为什么会爱上荆州》只能带来热度，却不能带来高效的转化，我们还需要引爆一些热点，并做一些铺垫。比如发布一些传统的文章作为铺垫，类似《荆州十大蛋糕店》《荆州最有名的蛋糕店》《荆州最好吃的蛋糕店》等。还需要做一次让利，在某一天蛋糕免费赠送，但是前提是顾客必须留下真实的姓名、生日以及电话，并告诉他们如果下次带朋友来消费，所有蛋糕均可以打八折，如果是生日当天会有小惊喜。这是文章的内容，文章的标题可以是《爱吃甜食的荆州女孩有福了，本周末免费送你吃到High》。因为有了前面文章的铺垫，这个蛋糕店已经有了名气，这篇文章的效果自然是临门一脚，彻底为朋友打开荆州当地的市场。

2.1.3 设计关键词的具体步骤

我们在了解了关键词的具体类型和关键词的设计技巧之后，就可以开始进行关键词的确定和布局了。具体步骤为：确定核心关键词，确定关键词的位置，寻找关键词的扩展方法，设置关键词的特殊样式。

1. 确定核心关键词

首先要确定核心关键词的对象是什么，是产品、服务、公司名称还是网站名称；之后需要依据类别划分对应的关键词；然后对关键词进行排查，因为我们收集的关键词会有重复；最后将各种类型的关键词整理成表格，方便以后软文的撰写。

案例 2-9

广州有一家肠胃病医院，医院并没有运营自己的网站，而是通过推广公司进行营销。首先我很清楚关键词的对象有三个，一是胃肠病，二是广州，三是医院名称。之后我划分了病种词、地域词、消费词、疑问词以及最核心的品牌词。做过营销的人都知道，每个行业的关键词少则几百，多则成千上万，这里就不一一列举。然后通过关键词的划分，制作了五个表格，最后将五个表格中重复的关键词剔除，最终确定了利于营销的关键词表格。

2. 确定关键词的位置

确定关键词所在的位置，就像玩"斗地主"一样，我们不能一开始就丢"炸弹"，也不能在最后丢"炸弹"，而是必须选择适合的时机。从软文的整体布局来说，关键词首先要出现在标题中，只有这样才能让用户通过搜索引擎找到我们的文章；第二，最好在第一段中提到核心的关键词，以增加用户对重点的印象，哪怕用户因为文章过于枯燥而无法读完，也能记住我们的核心关键词；在之后的软文中通篇要以该关键词展开描述；最后利用点题的手法，在文章的末尾可以再出现关键词，以加强读者印象。通常我们从软文的整体结构分析，并在确定好排版之后，可以进行复查，让关键词出现在最恰当的位置，这种复查也被称为文章优化。

案例2-10

以胃病医院为例，如果我们需要撰写软文，首先自然是要找准病人的需求。我们以"胃病治疗"这个关键词来展开软文的撰写，比如：《广州治疗胃病最好的医院》，这个标题中提到了我们的关键词"治疗胃病"。在文章开始，我们需要介绍"广州治疗胃病的医院，首先是××医院"。这属于典型的疑问类软文，用户是带着疑问去搜索或阅读文章的，他们更多是想知道哪家医院最好，我们要学会区分。在接下来的正文当中，最好以推荐名医和设备为主，注意不要将费用明确列出。最后点题，说明软文中提到的医院是胃病治疗的权威医院。

3. 寻找关键词的扩展方法

所谓关键词的扩展，是说每个词语并不是独立存在的，往往会出现某两个词虽然文字或者语法不同，但是意思相同。放在互联网的内容中，就可以说是关键词的扩展了。我们通常用到的扩展关键词的方法有两种，一种是同义词法，另一种是合理加长法。

同义词法，是按照我们的语言习惯整理出的方法。

案例2-11

看病和看医生、减肥和瘦身、运动和健身、酒店和宾馆，我们可以很明确地知道，这几组词的意思是相同的。

同义词法也可以包括我们生活中的习惯简称，比如：北京大学简称北大；腾讯企鹅简称QQ等。

合理加长法，可以通过"地域+行业+服务""公司+产品+价格"等方式来实现。

案例2-12

地域+行业+服务，比如：深圳英语培训。地域：深圳；行业：英语；服务：培训。
品牌+产品+价格，比如：飞利浦剃须刀多少钱。品牌：飞利浦；产品：剃须刀；价格：多少钱。

关键词扩展的方法有很多，可以通过搜索引擎的下拉、百度指数以及站长工具等找到更多有效、有价值的关键词。

4．设置关键词的特殊样式

在浏览一些网络文章的时候，尤其是通过电脑端浏览的时候，我们通常会发现某些词或者某些句子被标记为红色、加粗、字号偏大以及下划线等。其实这种方法来源于我们读书时的标记习惯，比如老师要求学生划出文中的重点。我们将这种方法应用到软文中，目的就是提醒用户，并且吸引用户的注意力，加深用户对该标记词的印象。

5．小结

以上的四个步骤，可以帮助我们快速找到创作软文的核心，并通过总结经验找到更加优秀的关键词，这样能有的放矢，撰写出更好的、更有用的软文。

2.2 软文"标题党"，做一个合格的"标题党"

在学习了如何布局关键词之后，就来到软文最直观也是最能引人注意的部分，那就是标题。如前所述，软文的关键词可以比作一栋房子的地基，而标题就可以比作房子的外表装修，也可以说是店铺的门面。门面设计得是否足够美观，直接影响着是否有客户来店里消费。软文也同样如此，标题好不好，也直接影响着是否有用户会对文章感兴趣。文章的标题是一切营销的入口，需要用心研究。

俗话说得好，"题好一半分"，相同的文章，一个好的标题便能够吸引关注和阅读，而如果标题写得一般，缺乏吸引力，估计是没有人愿意点击并阅读的。好的标题可以激发人阅读的欲望，如果这一点都做不到，那软文很难成功。

2.2.1　标题的重要性

从20世纪90年代开始，互联网逐渐改变着我们的生活，而最重要的一点就是加快了我们生活的脚步，将一切都变得快速、便捷。搜索引擎将网络上的内容进行了分类，用户只需要通过搜索框就能快速地找到自己想要的资料。这就诞生了自然排名，也可以称之为搜索引擎优化，即SEO。我们这里讲的不是具体的SEO方法，而是软文的知识。我们可以看到，虽然用户是通过关键词搜索来获取自己想要的信息，但是真正展现在用户面前的并不是关键词，而是与关键词相匹配的标题。所以我们可以非常肯定地说，一篇软文最重要的关键词并不是体现在软文的内容当中，而是体现在标题当中。

1. 什么是标题

标题就是软文的主题，通过提炼软文的核心内容，并将其整理成一段话或者一个词组就形成了标题。虽然标题字数不多，但是涵盖了整篇文章的核心内容和主要观点，是软文的精华所在。在标题上，我们不仅要表达清楚软文的内容和观点，更要避免过于平庸。标题是千变万化的，根据软文的不同分类，标题就可以有不同的变化。

案例2-13

比如一篇软文介绍的是武汉的某个风景区，那么《武汉十大名胜古迹，首选××景区》《到武汉了，不来××景区就是白来了》《武汉哪里好玩？来这就对了》是三个不同的标题，但是文章的内容可以是一样的。标题就是让读者能够快速知道作者想要表达的观点和自己所关注问题的答案。

2. 标题的长度

一个能够让用户一眼就记住的标题，绝对可以称得上是好标题。一个好的标题，还可以在搜索引擎中获取好的排名。标题的长度只要控制在合适的范围内，都是可以接受的。虽然标题的字数越少越有利于用户记忆,但也并不是标题越短就越好,相对越短的标题,在互联网上所面临的竞争也就越大。

案例2-14

以"英语培训机构"为例,我们可以发现,无论是"英语""培训""机构"还是"英语培训",都是极短的标题,只要用户搜索其中任何一个关键词,都有可能得到想要的内容。但是这种竞争程度之大可想而知,再加上现在SEM(百度竞价)营销产生的效果,我们想要通过这样的关键词来获取好的排名,那几乎是不可能的。由此可见,选择标题的时候不必追求越短越好,一定要不断通过市场考察来得出结论,并实际操作。

3. 标题和标语的区别

什么是标语呢?标语一般是传统文案的代名词,标语可以作为标题来使用,但是标题不能当作标语来使用。

标语主要是指企业的标志性语言,比如企业的广告宣传、品牌宣传等都属于标语。用户往往可以通过标语来认识企业的形象,而企业也是通过标语来提高自己的知名度。标题针对的是独立的文章,相对于标语而言应用更加广泛。

案例2-15

大家知道标语是企业的标志性语言,举例来说,"特步,非一般的感觉""小米,为发烧而生"等,都是企业的标语,完全用于体现企业的形象特征。再比如"威猛先生,还您一个清新干净的家",既可以作为企业的标语,当然也可以作为文章的标题。

2.2.2 怎样写出优秀的软文标题

标题看似简单,只有短短的几个字词,其实其中有非常深的学问。

无论是在生活中还是在互联网上,标题无所不在。线下有实体店的名称,线上有网站名称;线下有地铁公交广告,线上有网站广告联盟。以软文营销方面的多年经验,加上对互联网的了解以及对用户需求的探索,我从以下几个方面介绍软文标题的写法。

1. 传统行业

由于互联网的诞生，许多新型行业也相继诞生，但传统行业也一直存在，只是模式改变了而已。

所以从传统行业来看，我们可以通过抓住用户的需求进行标题设计。

案例2-16

以常见商品——袜子为例，软文标题可以是《脚臭脚气一袜见效——××除臭袜》。这个标题中用户的需求一目了然，一下就能抓住用户的好奇心理。如果用户急于解决自己的脚臭问题，这个标题就可以引起用户的关注。

2. 互联网媒体

我们学习软文营销，最重要的一点就是记住一个"热"字。这个"热"字主要体现在软文需要"热"，媒体平台需要"热"，用户更需要"热"。只要遵循这三"热"原则，就能读懂互联网的软文营销。

我们可以使用数字、英文加中文、问句、热点、独家以及优惠信息类的标题来吸引用户的点击。

案例2-17

数字类型标题：《全国十大经典旅游区》，此标题主要突出了"十大"。

英文加中文标题：《Are you ready？快来挑战大奖吧！》

问句标题：《为什么我总是没有信心？》《我没有信心该怎么办？》，这种类型的标题是最为常见的，因为绝大多数用户通过互联网查询信息，是为了解决问题。

独家标题：《独家揭秘，富豪成功的秘诀》，利用用户的从众挣钱心理。

优惠标题：《限时抢购，一元秒杀》，这是经典的八字营销文案。

3. 无搜索不启动

搜索引擎的成功就在于抓准了用户想要快速找到答案的心理，而这种心理就触发了用户搜索这一行为。所以我们在针对搜索引擎进行标题设置的时候，一定要将关键词结合到标题当中去。虽然软文营销类型的标题不一定要包含关键词，但如果是针对搜索引擎而设置的标题,最好将关键词也一并整合到标题中。

由于搜索引擎中也存在各种分流的平台,所以也就出现了多种为了搜索引擎而设置的标题。而且搜索引擎存在字数的限制,所以控制标题的字数也尤为关键。

要注意不能一味地找一些常见的标题,这种模式我们称之为差异化。那么如何知道自己所想的标题是否有大量的竞争对手呢?我们只需要将自己所想的标题在搜索引擎中验证即可。搜索引擎会将出现的标题都标为红色,而红色的完整性越高,也就说明针对用户的搜索词越准确。

案例2-18

我们以《深圳南山英语培训》为例,在搜索引擎中查找,得到如图2-6所示的搜索结果。从标题的价值我们可以看到这应该是一个比较有竞争度的词,但是从"飘红"程度来看,却并没有完全"飘红"。这里涉及另外一个知识点,也就是权重问题。权重越高,模糊匹配的标题排名也就越靠前。所以我们在学习软文营销的时候,最好结合SEO一起学习,这样就能够更加强化软文的推广效果。

图2-6 搜索词"飘红"

4．电商领头，淘宝型标题

所谓淘宝型标题，主要是针对淘宝店铺而言的。其实淘宝网也可以算得上一个搜索引擎，只是规模没有那么大而已。

既然淘宝也可以算一个小型搜索引擎，那么除去淘宝直通车之外，我们依然可以通过商品标题的优化来提升店铺的排名。这种技巧，对淘宝店主而言是有巨大的好处的。淘宝店铺何其之多，如果我们是淘宝卖家，最迫切的需要就是从众多店铺之中脱颖而出。

其实方法并不难，我们只需要在遵守淘宝基本守则的前提下，通过对用户利益的分析以及对用户点击淘宝直通车的数据分析，最后加上一点特色就可以了。

2.2.3 做一个合格的"标题党"

"标题党"是一个有贬义的词汇。"标题党"通常通过对标题的恶搞来哗众取宠，但文章内容很平庸，甚至可以说是名不副实。

我在这里要说的是，我们不能只做单纯的"标题党"，在撰写标题的时候要记住创新、跟热点、反问，以及"我"字诀与"你"字诀。

1．创新标题

因为"标题党"的出现加上用户对文字内容的挑剔，因此我们写软文的时候一定要避免平庸，也要与夸大区分开，时刻都要把握好一个度。

2．跟热点标题

相对于创新，跟热点的难度较低。借助热点来撰写标题，是所有软文写手的入门必修课，也是快速获得关注和流量的捷径。当然，软文并不只是转载一些新闻热点，而是要借助热点发表一些自己的看法。这一类软文标题必须对热点事件加入自己的观念和看法，才能吸引用户。

案例 2-19

以共享单车为例，这是改变人们出行方式的一种创新，我们可以借助共享单车的创新，来撰写这样一篇文章《共享单车，短暂出行再也不用叫滴滴了》。这种创新一定要针对每个行业来进行，创新永远存在，就看我们的"脑洞"是否足够大了。

3. 反问式标题

这种类型的标题更多出现在一些励志型软文当中，主要是因为当下空谈心灵鸡汤的模式已经不流行了，这种反问式的标题和文章，从另外的角度来吸引读者和用户，也能收到奇效。当然也有许多反问式的营销类标题活跃在互联网上。反问式标题，更多是从陈述句标题中提炼而来的。

案例 2-20

我这里以这两个反问式标题为例，《你真的知道健身的方法吗？》《你真的知道快速升职的秘诀吗？》。我们再将这两个反问句转换成陈述句的形式，即《健身的方法》《快速升职的方法》。从这两种句式来看，第一种的反问式更加容易吸引用户的点击，而后两个标题则显得相当平淡。

4. "我"字诀与"你"字诀

软文最重要的一点就是要让读者和用户知道你想要表达的意义和观点，哪怕被否定。将自己的观念表达出来，就是"我"字诀；以第二人称表述观点，就是"你"字诀。

案例 2-21

"我"字诀标题：《我刚毕业就创业，却杀出重围》《生完小孩的我，学到了这些》等。

"你"字诀标题：《你减肥、你瘦身、你绝食，可你依旧是个胖子的原因》等。

"我"字诀的核心在于通过第一人称来向用户分享经验，"你"字诀的核心在于通过第二人称来告诉用户某种状态的原因。

2.2.4 软文标题速成法则

对大部分人来说，写软文都是先想好标题，然后开始写正文，标题就像喷泉和瀑布的源头一样。当然也可以在写完软文之后对标题重新定义，以达到优化软文的目的。

在正式开始写软文之前，我们可以多看一些其他作者的文章，并记下标题，分类分析，以便日后参考。

1. 总结全文法

标题的核心在于文要对题、题要对文。总结全文法就是对自己所撰写的文章做一个总结。这种总结出来的标题虽然不会很吸引人，但也算是合格。这类标题往往是将文章的核心概念整理成一句话。

2. 包装法

包装是一个宽泛的概念，通俗理解就是打包装盒，这对各行各业都有不同的意义。我们的产品是软文，如果不知道怎样通过标题来包装，那么很直接，包装就是"夸"，夸的意思就是增光添彩。

案例 2-22

某公司经营一款高端电子产品，但奈何公司内没有合适的文案编辑。老板只能尝试自己写文章，把一些产品的优势放在文章当中，但是既然叫文章，那么一定就需要标题了。所以老板灵机一动，写了这样一个标题《价格低、性能好、质量优，当属××电子》。这种标题虽然过于简单，但是很适合新手。

3. 模仿法

有的人模仿出来的标题和抄袭没什么两样，有的人模仿的标题则神韵十足。学习这种方法，可以使用逆向思维。

案例 2-23

2015年，有一个作者写了这样一篇文章《淘宝不死，中国不富》，顿时引爆了人们对淘宝的讨论。我也看到了这篇文章，利用逆向思维，写下一篇《淘宝死了，中国也富不了》，阅读量极大。

《淘宝不死，中国不富》与《淘宝死了，中国也富不了》，两个标题传达的观念完全不同，但是我必须承认我的标题是模仿得来的。有些人觉得这不是模仿，但是就像我所说的，模仿不是单纯地模仿文字，而是模仿标题里面的精髓。

4. 固定模式法

固定模式就像帮小孩子学走路一样，我们用双手扶着他，让他一步一步地前进，而我们的双手就是小孩子学习的固定模式。学习软文的时候也是如此，因为许多标题的类型是相似的，我们只需要将它们总结出来，比如常用的词汇有为什么、怎么办、方法等。

案例2-24

固定模式法标题可用于各行各业的产品，比如《为什么我写不好软文》《写不好软文该怎么办》《写好软文的方法》等。同样一篇文章，我们可以通过固定模式，写出不同的标题，不同的标题自然有相应的用户。

2.2.5 了解读者需求，才能写好标题

软文也分很多种，对于营销性软文，其目的就是通过软文推广来达成成交。就软文的标题来说，它对于软文的内容、点击率、推广以及后期的宣传都是至关重要的。营销是为了挣钱，钱从哪里来呢？从用户的手里来。随着互联网的发展，用户的需求越来越复杂，从而引发了新的观念——用户体验度，也就是说需要找准用户是怎么想的。用户想要什么，我们就从什么角度着手。

1. 切忌一目了然

随着各行各业的迅速发展，用户也经历了不少营销文章的洗礼，许多用户一眼就能透过标题看出文章的内容，所以一定要避免文章标题一出现，就让人对文章内容一目了然。软文标题一定要让用户产生点击欲，也可以说是要能激起用户的好奇心。

真正的好标题能让用户产生好奇心，让用户点击，为此一定要仔细揣摩用户的心理，将自己想象成用户，然后问自己：这样的标题我会点吗？

2. 通顺顺口

软文的标题一定要通顺顺口，这是基础，也是根本。有一些标题极其高大上，但不顺口。我们要知道，读者是大众化的，所以最好使用读者的惯用语言。通常来说，如果使用分点式标题，那么一定要押韵，以符合读者的阅读习惯。

3. 懂宣传

有的软文是为了"吸粉",有的软文是为了赚钱,有的软文是为了提高公司或产品的知名度,当然这一切都离不开两个字——宣传,不懂宣传的软文写手,其软文是没有市场的。如果读者读完文章都不知道你是在做宣传,那么这篇软文无疑是失败的。

2.2.6 如何用标题来吸引读者

标题写得好,流量少不了;标题写得好,客户跑不了;标题写得好,赚钱不会少。

学习写软文有一个漫长的过程,因此对一些不能将软文正文写得足够有吸引力的初级软文写手来说,通过好的标题来吸引读者,是最好不过的了。那么我们怎么样才能通过标题来吸引读者呢?在学习具体方法之前,大家需要了解一件事,那就是好的标题是为了吸引读者,而不是创造价值。

1. 黑暗料理术

在我们的日常生活中,读者对习以为常的事不容易产生兴趣,因此,太常规的标题并不能吸引读者的点击。我们可以借鉴一下料理上的创新招数"黑暗料理"。"黑暗料理"之所以能火起来,正是打破了大众常规的思维模式。当然,"黑暗料理"仅仅能吸引人的眼球,未必会被大众赞同,这种类型的标题也是如此。

案例 2-25

以"黑暗料理式"标题为例,《某高校食堂最新推出蔬菜烩"企鹅"》,我们一下就能想到这道菜里肯定不会真的有企鹅,但是看到这样的标题,你难道不想深入阅读一探究竟吗?其实标题里所谓的"企鹅"主要是用鸡肉碎做成的,只不过经过厨师加工,使其有了企鹅的样子。

2. 金钱诱导术

每个人都想挣钱,因此一些成功学宣传挣钱法则就吸引了许多人的点击。基于此,以"快速挣钱""如何挣钱""白手起家"等关键词命名的标题尤其容易吸引读者点击阅读。

案例 2-26

我曾经写过一篇文章《提到月入十万，说说我的看法》，在互联网上引起了不小轰动。当然我也写明，文章只是理论，实践效果因人而异。虽然这种类型的标题十分容易受人关注，但我并不是很推荐编写这种标题，只是在此说明这也是一种写标题的方法。

3. 名师引路术

这里的"名师"通常指的是名人，也就是说要借助名人效应，我们可以通过在标题中提到名人来获取关注。

案例 2-27

互联网上有许多求知者，他们对自己所感兴趣的事都有求知欲，这就是我们软文写作标题很重要的着眼点。比如《马云教你怎么玩淘宝》《创业大师教你如何创业成功》等，都是借力名人、解答疑惑的标题。

4. 揭秘真相术

这种方法指向读者的一个重要心理——好奇心。许多公关公司的做法是，先抛出问题，让读者好奇，等话题热度不够的时候，再揭秘真相。这种方法比一般的爆款软文更加需要精心策划。

2.2.7 软文标题常见陷阱

一个好的标题能带来巨大的流量和转化，然而许多人在撰写软文标题的时候，会陷入"陷阱"而使读者的阅读止步于标题。为了避免这些问题的发生，我们需要了解一些软文标题写作时候的常见陷阱，以便有效地规避。

1. 标题过于夸张

有些软文写手，一味地追求读者关注，所以经常使用一些夸张的手法撰写标题。但是，这种手法往往会适得其反，让读者有被欺骗的感觉，从而导致不良后果。甚至有些标题夸大其词,让读者一眼就能看出是假的,就更加不会点击。

案例2-28

我们经常使用的一些能够吸引用户点击的词比如"很好""比较好""最好"等。这些都不为过,比如《四川最好吃的川菜馆》《北京最有名的烤鸭》等,这些标题都是限定在一定地域范围内,有一定可信度,读者也能接受。但只是一家名不见经传的小公司,而产品也是大众产品,却使用了《全世界最好的美容护肤品》这样的标题,就属于夸大其词。"全世界"的概念太大了,这种标题基本是不会有人点击的。

2. 标题不够应时

真正高点击、高转化的标题,往往是最应时的标题。社会发展的速度越来越快,信息每分每秒都在更新,而用户是最健忘的,也是最易疲倦的,他们不会记住一些没有价值的信息,却会记住一些最热门的新闻。所以我们在撰写标题的时候,一定要在第一时间关注到热点话题,一旦话题过时,文章再优秀也无人愿意浏览。

案例2-29

以曾经热议的出轨转移财产事件为例,时隔一年,其热度已经大大降低了。我们要记住,写软文及软文的标题,一定要应时,要时刻紧盯互联网的一手信息,不要等网络都传遍了,再去写软文,那个时候就没有任何意义了。

3. 标题意思不够明确

有些软文写手为了追求独特品位,往往不考虑读者的习惯和需求,只是单方面地想要通过标题来展示自己。这种类型的作者其实不适合写软文。因为软文是给读者看的,要大众化,如果标题写得十分拗口,甚至独创风格,读者是不会接受的。读者连你写的标题都不明白,又怎么愿意看你的软文呢?

4. 标题字数太长或太短

做任何事都有一个度,这个度就是有上限也有下限,超过了这个度就会带来相反的效果。软文写作也是,一个标题最好控制在14个汉字以内,如果太长,就会造成读者的厌倦心态。当然标题也不能太短,一两个字的标题用户也没有兴趣。标题最好控制在8～14个字，既能够表达清楚文章的主旨，也能吸引用户点击。

2.3 软文内容，打造文字营销军队

如果将关键词比作要攻克的目标，将标题比作打仗的将军，那么软文的内容就是一支军队，软文里的每一个字都是军队里的士兵。我们要通过排兵布阵，一步步地向用户发起"攻击"，从用户手中获得相应的收获。

2.3.1 软文写作四大法则

随着互联网的发展，软文的作用也越来越强大，我们会经常听说某人通过一篇文章就获得了十几万的收益。正因如此，越来越多的人希望通过写软文来获利，但是难度可想而知。久而久之，人们也因为这些困难而放弃。其实这只是因为大家没有真正地学会软文写作，不经过学习和坚持，无论做任何事都不可能取得成功，软文写作也同样如此。

1. 排兵布阵，段落分层

我们都知道一篇文章不可能没有分层，这个分层也就是我们所说的段落。军队打仗的时候，同样会将士兵分组，让每组士兵完成相应的任务。这种方法如果用到软文中，就是将文章划分段落。这里所说的段落并非指某一段话，而是一篇软文中的每个部分。每个部分，都可以以一个小标题开头，而每个小标题则可以看作每组士兵的长官，每个段落都以长官为核心展开战斗。

案例 2-30

如果一篇软文以教学和分享经验为主，那么我们在确定好合适的文章标题之后，可以在每个分层加上小标题，如"一要素""二阶段""三法则""四技巧"等。其他类型的文章也可以用小标题来分层，如"减肥最有效的方法之一""减肥最有效的方法之二"等。将整篇文章分为几个部分，更能突出文章的核心。

2. 勤读兵书，战场杀敌

我们都知道，军师和武将在军队中的作用是不同的，军师靠的是通过熟读兵书，对战场实况进行分析，最后得出结论进行部署。在"打仗"之前，我们扮演的就是军师的角色。这个时候就需要多吸取一些前辈的经验以及著名战役的教训。软文内文是一支军队，这支军队怎么打，就是我们需要学习的内容。

我们可以每天花点时间先去看看别人是怎么写文章的，看看别人文章的亮点在哪。想要成为一名合格且优秀的军师，我们一定要用心看、用心记、用心分析，不能只看不记。尤其可以多读一些大型网络平台发布的需要审核的文章，能够通过审核的文章一定是值得好好学习的。

3. 活学活用，融为一体

为什么人有眼睛？因为要用来看清事物。但是眼睛只能看清事物的表面，却无法看清事物的本质。为了看清事物的本质，人类拥有了大脑。软文写作也是同理。我们通过眼睛看到了写作的方法、写作的实操案例，这个时候还要用大脑去思考如何将别人的经验和武器变成自己的。尤其是最开始的模仿战术，这个学习积累过程尤为重要。我写软文之前，也是每天阅读别人的软文，然后思考，这些文章哪里写得好，哪里写得不好，如果我写，会不会更好。一篇成功的软文并不在于其字数的多少，就像一支能征善战的军队，也不是只靠人数取胜。一篇成功的软文，字数只是其中的一个方面，能将文字排列得当，才是真正有价值的软文。

4. 战场实操，切勿纸上谈兵

"纸上得来终觉浅，绝知此事要躬行。"我们在学习完别人的软文写法并用心思考之后，实操才是关键。纸上谈兵的故事大家都听说过，将书背得滚瓜烂熟容易，要运用到实际中去就没有那么简单了。软文的实操就是要写，将自己心中所想通过文字表达出来。这些文字就是我们的士兵，士兵是否能打胜仗，只需要将其展现在网络上，通过得到的用户转化，也就是取得的战绩来看，一切都一目了然。从实操中获取的经验，远比通过眼睛看到的、头脑想到的要多。

2.3.2 掌握软文开头的写法

软文开头的好坏直接影响用户是否愿意读下去，一个好的开头甚至可以直接将用户变成自己的客户,因而掌握软文开头的写法,一步步地引导用户读完全文非常重要。常见的软文开头的写法有:故事类开头、引人联想类开头、夸张类开头、名人名言类开头、以景写情类开头、点题类开头等六种。

1. 故事类开头

大多数人都喜欢听故事、看故事,故事往往能够快速抓住用户的注意力,但是故事类开头并不适合运用到营销类软文当中,因为虽然故事都能吸引人阅读,但不会促进消费。但是对一些个人站长、自媒体等软文写手来说,以故事作为文章开头确实是绝佳的方式。

案例2-31

以故事开头,最容易引起读者兴趣。举例来说:在一个城市的小村庄,住着许多户人家,他们勤劳朴实,过着无忧无虑的生活。但是有一天,他们村子里的一个人离开了,这个人去了大城市,去实现自己的梦想。十年之后,他回来了。可那个村子早已物是人非。到底发生了什么,使他改变了,使他的村子改变了呢?我们一起来听听这个小村庄的故事。

以一种普通读者能够接受的故事开头,引起读者的好奇。一个是朴实的村庄,一个是追逐梦想的年轻人,两者其实都没有太多吸引人的地方,但是反转就在于十年之后,物是人非,以此勾起读者的兴趣,让读者有读下去的欲望。

2. 引人联想类开头

引人联想写法的重点在于,能让读者在看到文章的一瞬间就展开联想,并且猜测接下来会发生什么。

案例2-32

一段路有3000米,你会选择开车、坐车还是骑自行车?但是他们只能用脚,每天行走在山崖之间。夏季烈日炎炎、冬季冷风潇潇也无法阻止他们的脚步。他们年幼,他们有梦想,当同龄孩子还在享受父母疼爱的时候,他们已经肩负起了家庭的重担。你想知道他们是谁吗?他们就是一群生活在大山深处穷苦人家的孩子。

3. 夸张类开头

在写夸张类文章的时候,我们一定要记住以"夸张但不虚假"为原则。我们可以以夸张的手法来吸引读者的点击,这是一种营销模式,但是如果我们以虚假的手法来销售,就成了欺骗。

案例 2-33

夸张的手法主要体现在营造营销氛围。我们经常会看到一些网红店有许多人在排队,这也算是一种夸张的营销模式。夸张式软文《十一国庆,这家店不过节也要来》开头这样写:随着十一国庆的到来,这家餐饮店成为热门首选,排队预约的食客源源不断。就在十一来临的前一天,某报社记者来到现场发现,该店人满为患,甚至有知名美食家发现,每天在该店消费的客人达到了数千人。

4. 名人名言类开头

以名人名言开头,往往更容易被读者接受,因为名言是经典的,而经典也是读者求知的一个重要渠道。名言并不长,但是很容易引出下文。而且以名人名言开头,读者会觉得文章值得学习,也就有了读下去的欲望。

案例 2-34

如《读书无用论真的成真了吗?》一文的开头便引用了"万般皆下品,唯有读书高"的名言,以此展开论述,通过古人的说法从侧面说明读书无用论的不合理。标题写的是"读书无用论",而该名言却说"读书高",激发了读者对文章的兴趣。

5. 以景写情类开头

以景写情的软文,主要是通过文字将读者带入一个虚拟的环境,让读者有身临其境之感,营造出一种读者和情景相结合的需求,以此达到渲染主题的目的。

案例 2-35

看着窗外皎洁的月光,不知不觉又到了八月十五中秋佳节,不知此时的父母在做着何事?我拿起电话打给父母。而此时你又在做些什么呢?有没有寄去对父母的思念？

6. 点题类开头

点题类开头的文章是在文章开头就直奔主题，开门见山阐释文章的核心。一定要记住，点题类型的开头不可赘述，要简洁明了，直指核心。

案例2-36

以《大树》一文为例，开头可以这样撰写：我的父亲生在农村，长在农村，就像农村里的参天大树，为我们一家遮风挡雨。

一开始看到"大树"这个标题，许多人会以为描写的是树木，而通过开头则可以很快明白，本文是以树喻人，来称赞我的父亲。

2.3.3 如何在软文中植入广告

我们撰写文章，无外乎这样几种情况：第一种是希望通过文章将自己内心的情感宣泄出来；第二种是希望能将自己的知识分享出来；第三种是希望用户可以购买我们的产品。或许有人会说前面两种是文章而不是软文，这并不完全对，这两种文章也具有一定的营销作用。

互联网的发展越来越快，网络竞争也越来越强，读者都非常讨厌直接性的广告。将广告悄无声息地植入软文，正是我们学习软文营销的关键。那么怎样才能将广告完美地植入文章，而又不会被用户厌烦呢？

1. 图片和超链接

软文在网络上最大的作用就是引流，我们可以使用PS对图片进行加工，将公司的联系方式放在图片上。好的软文讲究图文结合，当文章需要插图的时候，可以将加工好的图片插入正文。另外一种引流形式是超链接，即将第三方平台的用户通过超链接引流到我们自己的网站。超链接对营销来说是一种必不可少的工具，但这也会造成分流，所以现在越来越多的平台都禁止用户使用超链接，以此来保存自己网站的流量。

2. 版权保护

虽然版权越来越受到重视，但是互联网上许多编辑或者小型站长，转载其他作者的原创文章经常都会去掉版权保护的相关词汇。这种做法其实是损人不利己的，互联网是一个大型的生产基地，我们应该尊重每一位原创作者的辛苦劳动。

使用版权保护插入广告主要体现在文章末尾，也就是说全篇文章不会出现任何"显性"广告语句，文章主要是针对用户的需求而写，用户不会觉得这篇文章是广告软文。而且人们习惯性地认为，留有版权保护是每个人都会做的事，而不能称为广告。

案例 2-37

版权保护的广告植入在网上是非常多的，一篇原创性软文的末尾甚至各大网站都会出现版权保护等字样的信息。我们撰写软文，也只需要简单地在文章末尾加上一句"本文由×××（微信号：×××）原创，如需转载请注明出处，谢谢"。这样一来，如果其他写手转载了你的文章，就相当于帮你做广告宣传了。

3．编故事

带有广告色彩的故事最好从产品本身展开，让用户一下就有代入感。这种带有直接产品描述的软文很容易让用户知道这就是一则广告，我们在编写的时候一定要注意故事应以新颖创新的模式展开。如果故事写得太过平淡，就无法达到广告的营销作用了。

4．拟人手法

拟人手法就是将某件事物比作人，让这件拟人化的事物自己表达观点。这种方式并不是单一的产品植入广告，而是品牌植入广告。如果我们要从品牌角度撰写软文的时候，就可以用这样的方式。

案例 2-38

我们常见到以某位名人的角度来表述观念的方式，如"著名的淘宝创始人马云认为"。如果我们经营着一家公司，也可以使用类似表述，例如，"×××公司认为，这种做法是可取的"等。

5. 举例手法

举例是一种很能让人信服的写作手法。当我们对某个定义进行概念性描述之后，最好可以举例说明。这种理论和案例相结合的表现手法，更容易让读者明白。

2.3.4 软文结尾合理

做事讲究有始有终，一篇完整的软文也同样如此。如果一篇软文无论是关键词、标题还是正文都写得非常优秀，却在结尾出现了差错，就得不偿失了。这种情况我们称为烂尾。而真正的软文高手，会在结尾画龙点睛。那么有哪些收尾的写作方式值得我们学习呢？

1. 互动法

许多读者对软文都是看而不评，评而不赞，这种文章的发布对于写手来说，是没有任何意义的。因此在文章结尾可以采用互动的方法，提醒读者评论。当然不是直接告诉读者"你要评论"，而是提醒或暗示读者发表一下自己的观点。

案例 2-39

以上就是本人的一些观点，不知道各位有什么不同的想法，一起来说说吧。

2. 感谢祝福法

我们写软文就是为了让读者来阅读，既然读者来了并且阅读了，我们可以在文章的末尾写上一些感谢的话语，以此来获取读者的好感和认可。

案例 2-40

非常感谢大家阅读本文，在这里也祝大家越来越好。

3. 聚集法

比如某自媒体作者为了提高大家的互动性，创建了一个QQ群，以这样的信息作为文章结尾，也能收到聚集更多用户的效果。

案例2-41

"本人只是在业余时间写作,如你也对写作感兴趣,可以加入QQ群:××××××××××。"从这里可以看出,作者是想收集大家的意见。而一些读者,一旦对某事物感兴趣,自然希望找到志同道合的人,与其一起交流和学习。

2.3.5 软文重点——如何提高客户转化率

现在在互联网上写文章的人不在少数,但是能够真正获利的少之又少。一方面是很多人不懂营销,另外一方面是不能坚持。从发布软文的角度来看,真正能够获利的方法有两种。一种是入驻一些自媒体平台,对平台供稿,通过文章的阅读量来收取广告费,但是费用少得可怜。我本人的许多自媒体平台的文章,每天的收入在几十到一百块不等,主要是看文章热度而定。另外一种获利方法则是通过成交,也就是我现在提到的转化率。

文章发布后,有吸引读者、读者点击及读者转化三个任务,其中作为软文营销重点的就是转化。如果在其中插入转化的介质,就是咨询率。

1. 马太效应

马太效应被应用最成功的地方,应该是微商的朋友圈。其表现主要是告诉对方这个产品有多少人购买,多少名人推荐等,以数据来向用户证明,这是一款值得购买的产品,以此来提高转化率。所以通常一些营销类型的软文,会在文章中间穿插一些销售者与客户的对话以及付款的截图。

2. 品牌效应

这里的品牌效不是指自己所创立的品牌或者公司名称,而是一些权威认证,即通过软文的形式展示给读者,我们所销售的产品是经过了国家有关部门或权威机构认定的。

3. 视频录制

在文字可以编辑、图片可以PS的年代,越来越多的用户开始怀疑软文内容的真实性和可信度。这时我们可以录制视频。考虑到录制一个高质量的视频比较花费人力和财力,我们不妨做一些答谢专家的录制,并将这些视频结合到软文的成功案例中去。

4. 诱惑

以用户所想为引子，一步步地引导用户来使用我们的产品。

案例 2-42

你想获得成功的人生吗？你想一步步走向人生巅峰吗？来××培训学校吧，成就你的致富梦想。

第3章 爆款软文的三个方向

所谓"10万+"的爆款软文主要体现在三个方面，文章足够优秀（用户满意）、推广平台足够强大（平台上积累了大量固定用户）、诱发分享（用户能够将文章主动分享出去）。

"10万+"阅读的软文并不是写出来的，而是打造出来的，而写出好的软文，只是打造的第一步。我们了解了软文的分类，也掌握了从关键词、标题到内容的写作技巧，如果想进一步成为能够打造爆款软文的写手，就需要找准方向，进行有针对性的撰写。

在这里为大家介绍爆款软文的三个方向：有创意的软文、追热点的软文、事件性软文（见图3-1），以及如何快速创作软文。

图3-1 爆款软文的三个方向

3.1 有创意的软文

创意是以一种打破常规的思维方式，将一些平淡的事物，以全新的面貌展现在人们面前。创意来源于灵感,而灵感的源头是大脑,能够将创意活用到生活中去,是一个人将大脑活用到极致的表现。创意其实是一种思维,只要将思维打开,就文思如泉涌。无论做什么事,只要能静下心来思考,就能够发挥创意。

软文写作同样也需要创意,有创意的软文能够激起用户心中的波澜,而没有创意的软文更像是一潭死水,毫无生机可言,自然也不能引起人们的关注。

3.1.1 创意软文的撰写要求

互联网犹如一个无形的战场,各个商家都在使用各种武器,提高自己在互联网中的地位,得到更好的推广效果。互联网的庞大软文世界中,绝大多数是乏味的,只不过三百六十行,行行出状元,总有那么一群人能够杀出重围,写出具有创意的软文。这些软文让人耳目一新、眼前一亮,自然能为商家带来理想的营销效果。

那么这些作者是如何写出这种既有特色,又带有创意的软文的呢?创意软文涉及的方面很多,我们必须基于对所在行业以及对市场、对公司需求的了解,才能写出真正具有创意的软文。我们可以从如图3-2所示的五个方面来确定创意软文的撰写要求,简单来说就是通过抓准主题,以独特的视角,选择明确的方向,以灵活的写作风格来创造出完美创意的软文。

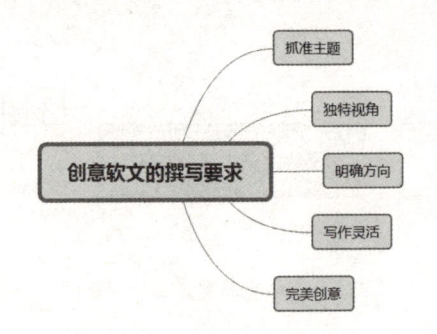

图3-2 创意软文的撰写要求

1. 有主题,有创意

做事有目标才会有动力,这个目标就是我们的主题。简单来说,我们做任何事情都是带有目的性的,上学是为了学习知识,上班是为了获得收入。写软文也同样如此，不能在未确定主题的情况下就随意去撰写软文，那就像记流水账一样，自己都不知道自己写的是什么，更何况用户呢？

一篇优秀的软文永远只会围绕一个主题展开，主题的唯一性能使软文更具有感染力和吸引力。如果一篇软文当中存在多个主题，那么用户就不知道核心在哪里，重点在哪里。围绕产品而写的软文通常一般涵盖产品质量、性能以及价格等内容，通常还会带有一些品牌效应、企业文化、企业规划，各种打折促销、会员回馈、赠礼相送等信息。或许一篇软文就能让一个人或者一件产品、一家公司瞬间得到知名度。但是通过软文成功推广一项产品，并不是一两篇文章就能做到的，关于产品有多个主题供我们慢慢参考、选择，但是一篇文章最好只从中挑选一个主题。

将主题与产品相结合，就是创意的体现。比如，只要我们细心观察就会发现，生活中的一些不知名的产品，通过外观均可以与我们熟悉的产品结合起来。

案例 3-1

以互联网上的案例《奥利奥出了饼干唱片，不仅能吃还能听歌》为例，该软文的主题就十分明确，以推广奥利奥为主题（图3-3）。奥利奥本就是大家耳熟能详的食品品牌，偏偏又别出心裁的创意，推出了奥利奥饼干唱片。大家可能产生疑惑，饼干还能成为唱片？于是该软文出现之后，顿时在互联网上引起了一阵点击热潮，成功地将奥利奥与唱片结合在了一起，成了成功的创意软文。

Rosy | 2016-05-05 17:10

是否幻想过拥有一块饼干做成的唱片？不仅能吃，还当真能听歌？

最近，奥利奥就请来了一位科技达人把饼干摇身一变，变成「小唱片」。这个「小唱片」可以提供 6 款不同曲风的奥利奥主题音乐……摇滚、爵士、电子、中国风……

图3-3 奥利奥饼干唱片

2. 独特视角，创意无限

为了能够写出独特的文章，我总是会将身边的事物想象成一些稀奇古怪的东西。比如栽得好好的树，我会想如果它长得歪七扭八会怎么样；看到鲜艳的花朵，我会想如果它的颜色和花瓣形状都改变会怎么样。我撰写软文的时候，也会尝试换一个角度去思考，用创意来吸引用户。

之所以说创意无限，是因为思维打开了，角度就不一样了，独特的角度意味着独特的吸引力。

要想将平凡的软文写得不平凡，就不再只是市场调查和数据分析的问题，更多是作者自己的问题。所谓软文的创意是存在于作者的脑海之中的，所以我们更多是需要在生活中开拓自己的思路，以不同的角度来对软文进行策划。创意更多体现在创新上，要与普通的软文区别开来，才是真正的创意。

案例 3-2

从小我们总会有一个非常讨厌的人，那就是"隔壁家的孩子"。以《隔壁家的那个孩子，我讨厌你》为标题的文章曾经在互联网上引起了很多90后的共鸣。因为大家都有过这样一种印象，隔壁家的孩子做什么都比自己强，但是渐渐这种话题不流行了，因为大家都知道了，这种与他人的对比吸引不了用户。后来又出现了这样的文章，《曾经的那个自己，我讨厌你》或者《我讨厌曾经的自己》。我们都知道，每个人都难以否定自己，都很难承认自己做得不好。但是恰恰可以换成另外一个角度，自己与自己对比。隔壁家的那个孩子始终不是自己，做得怎么样我们也无从得知，但是自己很清楚自己做了什么。为什么会讨厌曾经的自己呢？因为自己确实做得不够好，这种独特的角度激发了用户内心深处的共鸣，所以引起了用户的关注。

商品类型的软文同样如此，我们不能总是将自己的商品和竞争对手的商品做对比，因为用户十分清楚软文的目的所在。例如，某公司正在推出一款全新的产品，而这款全新的产品又比之前的产品要优秀得多，这个时候，就可以将两款产品的对比作为软文主题，这是一种以自己看自己的角度进行创意软文的撰写。

3. 明确方向，活用数据

这里的方向主要是软文写作的真实性，正所谓再铿锵有力的文字，也抵不过一纸真实的数据。

在开始撰写软文之前，做好充分的资料收集工作，从哪个方面撰写就收集哪个方面的资料。你写的是历史题材，就需要整理史实；你写的是现实励志，就需要参考自己或他人的奋斗之路。无论我们写什么题材，都可以借助真实数据来说明。

案例 3-3

有一个小故事，一个学生辛辛苦苦写了25页论文，最后指导老师却说："你用一句话阐述一下论文的内容。"当时这位学生就反驳道："能用一句话说清楚，我还用得着写25页？"虽然语气有点偏激，但是我们也不得不承认这句话的正确。软文的学习、产品的了解同样如此，如果你一看就懂、一听就会，那还需要学习做什么？

这里之所以这么说，是因为创意不仅仅体现在创意上，还应体现在未知上。将软文营销学得融会贯通、学以致用，与将产品深入剖析、详细介绍，让用户清楚了解，是一个道理。

4. 灵活写作，乐在其中

所谓灵活写作，就是希望大家在写作的过程中不要过于死板。我们要思考的是，为什么有些作者的文字生动有趣，而有些作者的文字死气沉沉、毫无生机。有创意的软文，会给人生机勃勃的感觉，让人读起来心情愉悦。将软文以灵活的方式撰写，并且将产品植入进去，那就非常有趣了。

案例 3-4

举例来说："为生活增添一分色彩，让您的家充满色彩。"这个语句可以作为装饰、粉刷相关行业的营销重点。我们每个人都希望自己的生活充满色彩，尤其是在人们忙碌了一天之后，回到家中都希望感受轻松、活泼的氛围。而这个软文创意就将生活中的色彩结合到家庭装饰中，用户在阅读软文的时候，自然而然地会被软文里描述的景象所吸引，从而憧憬生活的多姿多彩。

不仅如此，我们还可以使用轻松幽默等方式来吸引用户的关注。这种通过灵活的写作手法所打造的软文，让用户阅读时也能乐在其中。

5. 打造完美创意

人无完人，但是软文创意并非如此，通过对软文标题的适度夸大，让用户产生一种不可思议的感觉，以此来刺激用户阅读。完美的创意用于激起用户的好奇心，当用户带着好奇心进行阅读之后，他们会发现，原来是这样。

案例 3-5

以下是一个关于北京到武汉高铁的小故事。乘客问："发车了吗？"服务员答"已经到了。"乍一看根本看不出这是要说明什么。但是我们阅读之后再回味，发现原来这是在形容从北京到武汉的时间。因为速度太快，乘客刚上车没多久，以为还没发车，却被告知已经到了。这种夸张的写作手法就是创意。

最近互联网上还流行一种创意，那就是以微信或者QQ聊天的截图模式来吸引用户的阅读。这种模式最开始以笑话为内容，渐渐又变成了以隐私为内容。这种创意是迎合人们的好奇心。

3.1.2 创意软文的思维方法

想要有创意，首先就得打开思维，冷静地思考自己写作的内容。永远不能闭门造车，要勇于接受全新的事物。想要拥有独特的创意，就需要从不同的方面来打开自己的思维。等我们学习了各种软文写作技巧，阅读了大量软文实例，并撰写了数以千计的文章之后，我们的思维就会打开，创意就会慢慢地形成。

如图3-4所示，我们可以看到，锻炼自己的思维，可以从六个方面展开，逐一学习。这六个方面分别是"开枝散叶"思维、"江河入海"思维、"从一而终"思维、"另辟蹊径"思维、"Y轴"思维和"X轴"思维。大家在看到这种分类的时候可能有点疑惑，这是什么东西？实际这正是思维与创意结合的方式。

图3-4 打开思维的方法

1. "开枝散叶"思维

"开枝散叶"思维在这里指的是脑洞大开,正所谓"一千个人眼中有一千个哈姆雷特"。也就是说,每个人都有自己独特的思维模式,而这种"开枝散叶"的思维,就是要收集1000个人的思维,收集不到1000个,那就收集100个,让思维像参天大树一样,生长出许多茂密的枝叶。

"开枝散叶"思维主要是根据当前的条件,比如产品的名称、规格、售价以及消费人群等不同的固定条件,以打破常规的模式,对软文进行深入撰写。"开枝散叶"思维就像一棵小树苗,向四面八方迅速生长,以此来增加我们心中的创意。

案例 3-6

以女性最为关注的瘦身为例,我撰写了这样一篇软文《瘦成一道闪电》。文章介绍了一种瘦身产品,我将这种产品与闪电结合在一起,正是运用了"开枝散叶"的思维。因为闪电的光本身和瘦身是没有关系的,但是我们可以通过自己的思维,通过软文的撰写,使用户自然而然地将这两者联系到一起。

2. "江河入海"思维

我们都知道所有江河最后都会流向大海,"江河入海"思维与"开枝散叶"思维呈相反的状态。"开枝散叶"思维以点开多枝,而"江河入海"则以多个渠道汇聚一点。以某个主题为点,通过多种不同的方法,从不同途径引起用户的关注,最后告知用户真正的核心内容。

案例 3-7

有一则关于平板电脑的广告,整体创意是以一个人举牌加上旁白的方式来描述。但其实如果让我去写文案的话,我会这么写,"你觉得这是什么?是相机、是课本、是硬盘还是电脑?其实都不是,这是最新款的××××。"利用"江河入海"的思维,将相机、课本、硬盘、电脑这些概念和印象汇聚到产品身上,体现出了广告的创意,以此来刺激人们对新鲜事物的好奇心,大家可能会想,它的功能有这么强大丰富吗?

3. "从一而终"思维

"从一而终"的思维主要体现在以固定的顺序，按部就班地思考。这种思维是一种局限性思维，一般在常规性软文里使用，而且也是许多写手无法打开思维的重要原因。

"从一而终"的思维并不值得提倡，但是值得学习。因为这是一切思维的根本，就像一个经典小品里的段子"1+1在什么情况下等于3"，"从一而终"的思维会告诉我们，在什么情况下都不等于3，但答案其实是"1+1在算错的情况下等于3"。这个答案相信大家都能理解，但是为什么很多人想不到呢？就是因为思维难以打开。

4. "另辟蹊径"思维

"另辟蹊径"思维可以创造绝佳的创意，它是一种区别于常人的思维、理解能力以及方向的思维模式，往往会从独特的角度，甚至是反面来考虑问题。但是这种思维有一个弊端，那就是必须得先有人提出正面的阐述，我们再以"另辟蹊径"的思维角度去描写。也就是说这种思维更多是借助已有的文章，以一种侧面或反面的思维进行撰写。

我们不得不承认，这种类型的软文更加容易受到读者的关注。

案例 3-8

有一个自助餐厅，老板发现有顾客浪费的现象，为了杜绝浪费，就定下了这样一条规矩，"凡是浪费食物者罚款十元"。可是后面生意越来越差。于是我对他提议，将这句话改一下，"凡是食物吃完者奖励十元"。结果生意反而非常火爆，而且浪费现象也大大减少了。

上面这个案例其实在生活中很常见，商家要多为顾客考虑，顾客是有很多选择的，他并不一定要来你的饭店吃饭。浪费的现象在餐厅几乎是一种常态。这本不是顾客的有意之举，而商家要罚款，顾客自然就不乐意了，最后干脆不来了。将罚款改为奖励，为什么结果就大不同？因为有了利益的吸引，无论利益是多少，有大于无，所以许多顾客会认为饭应该吃完，杜绝浪费本就是自己应该做的事，又能得到奖励，那何乐而不为呢？

在原有的思维基础上简单地"另辟蹊径"，就有了截然不同的效果。

5."Y轴"思维

顾名思义,"Y轴"思维其实就是纵向思维,我只不过将其重新定义了一下。有的读者乍一看可能会感觉陌生,会认为是一种全新的思维而产生好奇心。所以打开思维的方式,是多种多样的。

"Y轴"思维主要是从外至内一步步地深入分析,而这从外至内就是我们写作的思维模式。就像我们认识朋友,从陌生人变成朋友,从朋友变成恋人,从恋人变成一家人,这样的模式相信大家都能理解。

"Y轴"思维的软文写作手法,更多需要注意承上启下,必须有合理的衔接之处,否则就会给人一种断裂的感觉,不仅作者无法写好,读者也无法读下去。

6."X轴"思维

"X轴"思维就是横向思维。"X轴"思维与"Y轴"思维的区别在于,不是一步步地深入撰写,而是将一件事通过不同的写法展开。

许多软文写手在包装产品的时候,利用的是"Y轴"思维。从产品如何生产、如何包装、质量如何、价格如何一直到配送服务,逐一介绍。其实我们大可不必将这种笼统性的内容逐一列出,可以针对某一个特定的事件撰写,比如生产过程中有一些技术更新,使产品质量相比之前有所提高。

"X轴"思维更多是细致化,打破传统的"Y轴"思维,从中找到新的突破口,以一个全新的其他产品都没有提到过的事件作为创意来写。

3.1.3 以创意改创意才更有创意

"以创意改创意才更有创意",这句话听起来比较拗口,但这是一种非常值得学习的方法。文章本天成,妙手偶得之,也就是说创意其实是比较难出现的。

如果要不断地推陈出新,就必须借助于"以创意改创意才更有创意"这个理念,大体方法见图3-5,了解了方法,还需要不断提高写作基本功,对新手来说更需要大量学习和练习才能真正掌握。

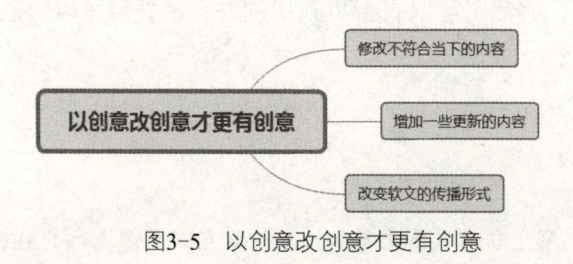

图3-5 以创意改创意才更有创意

1. 修改不符合当下的内容

自己以往所写的文章中，有一些是曾经比较热门的，并且实现了理想的推广效果。但是拿到当下来看，可能已经非常过时了。

所以当我们感到没有新鲜内容可写、创意匮乏的时候，不妨拿出以往写得好的文章，进行参考或再创作。将一些过时的内容删除，并加入一些当下热门的内容，修改一下标题，重新发布。以这样的方法，我们不仅可以得到一篇崭新的文章，而且由于是符合当下的创作，自然也能引起新的读者关注。

案例 3-9

以SEO（搜索引擎优化）为例，SEO曾经是一门比较单一而且简单的技术。尤其是在前些年互联网高速发展的时候，许多致力于研究SEO的人，总结了有关SEO的各种方法和技巧，发布了以《SEO营销方法》为题的各类文章。其中提到的发布文章、保留联系方式、伪原创、购买外链、软件群发等方法在当年确实非常有效。但是随着互联网的发展，这些方法逐渐被各大搜索引擎限制。于是人们针对最新的搜索引擎策略，总结出了新的SEO方法，如设置合理关键词、发布合适的外链来引流、坚持撰写高价值和原创性的软文、合理分布内链锚文本等。此时选择《SEO优化方法》这样的标题可能效果欠佳，为了更吸引读者关注和阅读，迎合当下人们的习惯，可以设置标题为《引爆SEO网站排名的十大最新攻略》。

我们要知道，社会是在进步的，同样互联网也是在进步的，而且进步的速度之快远远超过我们的想象。但对我们撰写软文而言，我们只需要将之前那些过时的内容删除，并且添加一些最新的内容，其核心不变，那么这又是一篇全新的具备创意的软文了。

2. 增加一些更新的内容

互联网是在进步的，也同样是在更新的。比如有iPhone6、iPhone7、iPhone8，产品在更新，但是核心变了吗？其实没变。我们写软文也是如此，在以往所写的软文里，必然有可以更新再利用的内容，并且可以借助第二篇的观点给第一篇带来流量。

案例 3-10

搜索引擎是互联网上非常具有流量和价值的站点，之前流行的SEO，慢慢转变为

SEM（搜索引擎营销）。如果我们之前创作过有关SEO的文章，那么可以用SEM作为更新内容续写下去。

从SEO转型SEM的人不在少数，因为时代在更新，所以我们也必须进步。软文更加如此，以《网络赚钱秘术上篇，搜索引擎优化SEO》为例，当SEM诞生之后，我们就可以写《网络赚钱秘术下篇，搜索引擎营销SEM》。在之后的更新中，我们也可以不断地进行内容增加，实现持续推陈出新的效果。

3. 改变软文的传播方式

每一篇软文都是我们劳动的成果和结晶，无论是否具有推广作用，都不应该被忽视。有的软文作者将发布后的软文置之不理，这是一种很不好的习惯，也缺乏将自己的软文效果最大化的积极性和觉悟。

有的作者可能会反驳，认为软文既然已经发布了，继续发布就没什么意义了。其实这只是因为这些作者没有找到更多的推广方法。我们写软文不能将自己给写"死"了，永远要记住思维是活的。互联网上有许多内容呈现方式，像自媒体视频、音频电台、PPT文库以及电子书平台都是很好的推广方式。

案例3-11

前几年，我经常在网上写一些关于创业和励志的文章，而且已经在网上流传了很久，之后就没有太多关注度了。我总是在想怎么才能将这些文章再次利用起来，后来我在朋友圈看到了一位读者分享的电台播报。于是我决定将自己以前的文章，通过录制语音分享到音频平台，并且再次分享推广。果不其然，这些文章又一次被众多读者喜欢。

我们要记住，任何事物都是相辅相成的，我们看到的电视剧、自媒体搞笑视频，最初都来源于文字作品。改变了形式，也就改变了传播渠道，增加了推广的方法。

4. 小结

本节所介绍的一些技巧并不高深，但是对于新手而言可能还是需要理解，练习，掌握。我们在学习软文的过程中，要不断地活跃思维，要相信，思维越用越活，越保守就越停滞。

3.1.4 逆向思维，让创意无限绽放

前面已经介绍了逆向思维，但还是需要深入讲解。有人可能习惯性地认为，

逆向思维就是和别人想的相反，就只有一种方式。其实并不是这样的，在定义上可以将逆向思维分为如图3-6所示的三种，分别是反转型逆向思维、转换型逆向思维和缺点型逆向思维。

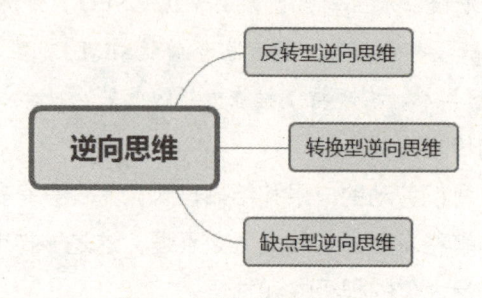

图3-6　逆向思维的分类

1. 反转型逆向思维

反转型逆向思维的特点是将已知的事物以相反的角度进行思考，进而生成创意。事物的功能、结构和因果关系可以作为逆向思维的出发点。

案例3-12

一个生产洗衣机的厂家在研发新型洗衣机的时候出现了问题。洗衣机的脱水缸工作时剧烈抖动发出很大的噪音，这样的产品缺陷是十分严重的。于是技术人员思考解决办法，比如加粗转轴、加硬转轴，均没有效果。既然硬的不行，我们就来软的。于是大家纷纷开始研究将硬轴改成软轴的方法，之后不仅解决了噪音的问题，还解决了抖动的问题。

2. 转换型逆向思维

在我们遇到问题并尝试解决的过程中，可能已有的解决方法难以实施或效果不理想，此时思考其他解决问题的途径就会用到转换型思维，用一种更灵活的方式来解决问题或消除问题。

案例3-13

在一场面试中，面试官提出这样一道题：假如你们身处一个没有窗户，只有一扇门的房间，门外有荷枪实弹的守卫，怎样逃出去？

许多人面对这个问题束手无策，选择放弃。只有一个人站出来说，"只需要我逃出去就可以是吗？"收到面试官的肯定答复后，他说，"我选择一开始就不进入这个房间。"面试官听了很满意，随后说，"恭喜你，回答正确。"

大家是不是很好奇，为什么这样反而成功了呢？其实答案很简单，这本就是一道考验人思维的问题，问题已经很明确地告诉了大家，这是一条死路，既然是死路，那为什么还要去呢？在考验思维能力的问题面前，就是要打破常规，如果我们一直按照常理去考虑问题，就不会出现那么多优秀的创意了。

其实这样转换型思维的案例数不胜数，最著名的应该是《司马光砸缸》这个故事。故事中如果按照常人的思考也有两种选择，一种是将掉进水缸的孩子捞出来，而另外一种则是放弃。但是司马光想到了另外一个办法，那就是将水缸砸破，成功地救出了那个孩子。

3. 缺点型逆向思维

提到缺点型逆向思维，很多人可能下意识认为缺点是不好的，为什么还要应用呢？缺点型逆向思维的出发点是将缺点变成可以为我们所用的东西，这是一种化被动为主动、将困境变成出路的思维方式。缺点型逆向思维，并不是将缺点展现出来，而是通过发现缺点，寻求更加有利的途径。

案例3-14

一个年轻人住在一个小村庄里，有一个简陋的房子。突然从某一天开始，有三个小朋友每天在他家的门口尿尿，年轻人十分气愤，经常追打这群小孩。后来一个老人看到此事，就找到了这几个小朋友，并对他们说，"你们玩得很开心吧，爷爷也很喜欢看到你们开心的样子，你们开心爷爷就开心。如果你们每天都来他门口尿尿，我就每天给你们每人一元钱。"三个小朋友听了很开心，于是每天都非常兴奋地来捣蛋。

可是没过几天，老人找到那三个小朋友并对他们说，"现在爷爷也没有钱了，从明天开始只能给你们每人五毛钱了。"三个小朋友听后非常不高兴，但还是接受了，虽然每天还是继续捣蛋，但是没有以前那么卖力了。再过了几天，老人对他们说，"我连最后的积蓄也快没有了，以后只能给你们一毛钱了。"三个小朋友听后非常气愤地说，"我们才不会为了一毛钱逗你开心呢。"就这样三个小朋友再也不来捣蛋了。

从这个小故事可以看出，三个小朋友捣乱本是一件坏事，是出于他们自愿的。可是后来有了金钱的奖励，他们就慢慢忘记了这件事是自愿的，最后没有了金钱就自然而然选择了放弃。这就是典型的缺点型逆向思维，利用了人的本性，最后达成了自己的目的。

4．小结

逆向思维是一种转换型思维，需要通过学习和经验来获得。我们应用逆向思维时，一定要以知识、经验以及文笔作为基础，否则采用这种思维形式写出来的软文就是毫无章法的，没有价值。

3.1.5 脑洞大开，学习经典创意

本节将介绍一些经典的创意案例，并进行分析，供大家学习。

1．杜蕾斯：一杜当关，亿万夫莫开

杜蕾斯是知名的安全套品牌。杜蕾斯的这一创意，借助了中国经典熟语"一夫当关，万夫莫开"，改为"一杜当关，亿万夫莫开"，彰显了杜蕾斯的安全性和品质，再配上如图3-7所示的创意，以杜蕾斯安全套之力能够翘起整个地球的夸张手法，吸引了用户的关注。

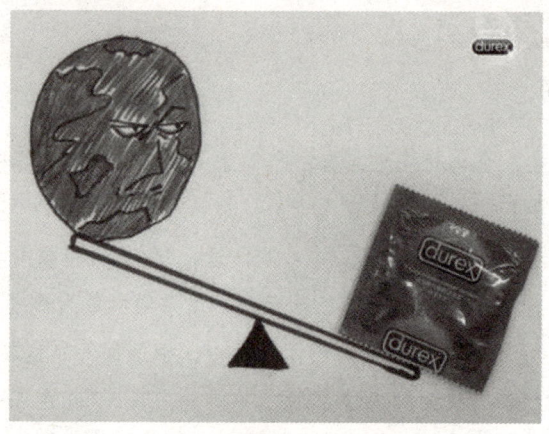

图3-7 杜蕾斯创意广告

2．快递广告：亚洲到大洋洲，好似楼上楼下

现在的交通越来越发达，快递行业也快速发展。对普通用户来说，对快递行业的关注点主要集中在时效性，那么就要以此为出发点来发挥创意。从图3-8中

我们可以看到，作者使用了地图的形式，将快递行业中最核心的"快"字体现得淋漓尽致。

3. 糖果广告：不用担心发胖，真的不含糖

很多女生喜欢糖果，但是又担心自己因此变胖。于是某糖果品牌的广告采用了如图3-9所示的创意。以一根丢弃的棒棒糖为切入点，通过蚂蚁不为所动，绕道而行，表现这是真正不含糖的糖果，可以放心享用。

图3-8　快递行业创意广告　　　　　图3-9　糖果创意广告

4. 牙刷广告：会转弯的牙刷，别太用力噢

Aquafresh Flexigel用独具一格的创意，创造出了如图3-10所示的牙刷广告。从图中我们可以很明显地看到，会转弯的牙刷居然从耳朵里跑了出来，这并不是吓人的恶搞，而是一则包含创意的广告。广告暗示的是，使用这款牙刷可以清理最深处的污渍。

图3-10　牙刷创意

5. 小结

互联网上优秀的创意广告有很多,通过学习、借鉴,可以收获良多。以上四个创意虽然都是以图片的形式展现的,但是我也讲过,任何展现创意的形式都是以文字为基础的,将软文具体化的形式才是图片、音频、视频等。

3.2 追热点的软文

下面要介绍的"追热点的软文",相比创意软文要稍微简单一些。创意是需要我们创造的,而热点不需要我们创造,只需要我们时刻关注。互联网上每天都会有新鲜的热点爆出,我们只需要密切跟随,将热点以软文的形式展现出来,同样会受到用户的关注和喜爱。

在学习本节的过程中,弄清楚如图3-11所示的五个要点,即可掌握通过热点为自己增加流量的方法。

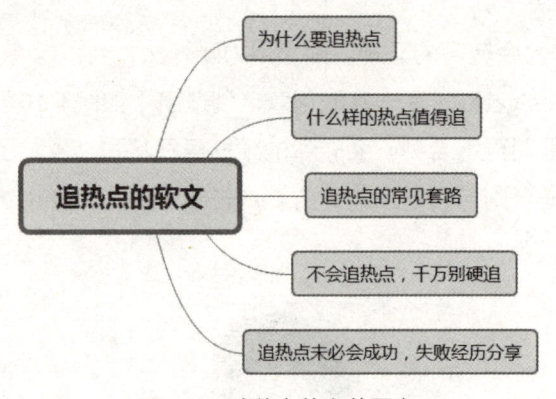

图3-11 追热点软文的要点

3.2.1 为什么要追热点

在解释为什么要追热点之前,我们先来了解一下什么是热点。通常来说,热点主要是指某个时间段内,被广大用户集中关注的事件、问题、人物等。

很多热点只是一些明星或者八卦新闻,这与我们有什么关系呢?我们为什么要追呢?答案只有一个,那就是肯定能给我们带来好处。追热点的好处有四点,如图3-12所示，第一是吸引新用户，第二是维护老用户，第三是获取经济利益，第四则是打响自己的名气。

图3-12　为什么要追热点

1. 吸引新用户

我们要清楚，追热点只是一种写作的方法和技巧，并不是我们的目的，我们的主要目的还是获得更多新用户的关注。

热点是当前大部分人关心的，我们所撰写的软文与此相关就能吸引用户，并且让用户产生阅读的兴趣，从而提高了文章的阅读量。而且我们会发现，用户转载和分享最多的也正是当下热门的新闻和事件，以当前流行的一个词语来形容就是"刷屏"。

案例3-15

以微信为例，微信公众号后台都有专门的数据统计。如果我们平时写的文章反响平平，突然某一天获得了一手的热点新闻，并在第一时间发布出去，我相信这一篇热点软文为我们带来的阅读量和关注量是非常可观的。但是需要注意的是，如果你自己在运营个人微信公众号，或者管理企业的微信公众号，就不能以阅读量和关注量为重心，而应关注转发量以及微信朋友圈的阅读量，因为这才是增加新用户的关键所在。

2. 维护老用户

要想持续地创造价值，不仅需要不断吸引新用户的关注，更要维护好老用户。对于微信公众号来说，获得用户关注只是一个开端，如何维护好这些用户才是关键。有些微信公众号由于有某些特殊的功能，能使用户持续关注并且使用该项功能。但是作为一个初级的订阅号来说，我们只能依靠内容来维护，也就是通过持续性的内容来留住用户。

现在很多人关注的微信公众号少则几十个，多则上百个，人们不可能做到每天浏览每个微信公众号。但是他们会利用空闲时间快速浏览一下微信公众号的列表以及最新的文章标题。这个时候，如果我们所更新的文章如果正好是当前的热门话题，而这些热门话题又正好与我们所运营的微信公众号相符合，那么关注我们公众号的用户，自然会因为我们的文章比较有针对性而乐于浏览、阅读。

那么想要维护好这些老用户，这些热门话题就成了最好的黏合剂。

3．获取经济利益

很多人羞于谈钱，但是我们不得不承认，我们做的许多事都是为了赚钱，写文章也同样如此。

通过阅读量来赚取广告费的模式，最常见的就是依靠热点文章。我所撰写的上万篇软文当中，往往热点文章的阅读量最高，自然广告费也是最多的。

4．打响自己的名气

简单来说，为企业而写的软文自然是为了帮助企业获得更好的营销效果。但是现在许多软文写手转型成了自媒体，而自媒体最重要的一点，就是通过自己的创作来打响自己的名气。我们在阅读文章的时候经常会发现，在文章的末尾常会留有软文作者的联系方式，这就是一种以软文的形式来打响自己名气的方式。

娱乐圈有明星，写作圈子里自然也有相应的名人。借助热点文章，就能够让读者快速地认识并且关注自己，这也是追热点文章的优势所在。

3.2.2　什么样的热点值得追

热点每天都会有，但是并不是每个热点都适合每个人去追。如果说你做的是自媒体，只是为了写文章，那只要是你认为有把握的热点都可以追。但是如果我们是某家公司的软文作者，就要注意了，公司有公司的规定和利益诉求，并不是每个热点都能追。

案例3-16

我们公司从事的是互联网金融，运营自己的微博和微信公众号。为了运营新媒体，我们招聘了一个新人小美。公司给她的第一个任务是，将公司的文章阅读量提高。她接受任务后开始努力工作，但一段时间后发现，老用户有很多流失。于是我去查询她每天发布的内容，原来为了提高阅读量，她在网上大量搜集热点新闻，不经筛选就发布在公司的微博和微信公众号上，比如"全面二孩""五一劳动节""铁路提速""高考""北京房价""互联网大会"等。这些内容绝大部分与公司业务毫无关系。我指导她说，选择热点新闻的时候必须坚持宁缺毋滥的原则，不能盲目地追热点。运营是一件长期的事，不能操之过急，需要用心去做。

追热点确实是一种捷径，但是要有分寸和方法。千万不能看到热点就去追，更不能偏离自己运营的核心。我们是一家互联网金融公司，在追热点之前，一定要记住我们所针对的用户是哪些、用户的爱好是哪些，投其所好的热点才能引起他们的重视，切不能盲目跟风。

之后，小美开始调整自己的方向。每当有关于互联网金融的热点出现时，她就会第一时间发布。而没有相关热点时，就会发布一些有关互联网金融的信息。慢慢地，平台也就运营得越来越完善。

通过以上的案例，我们可以知道，热点不能随便追，否则就可能南辕北辙，适得其反。我们可以通过图3-13来进行分析，我们可以看到，热点事件涉及的方面有很多，而且也伴随着风险性，我们在追热点事件的时候，一定要趋于理性化。

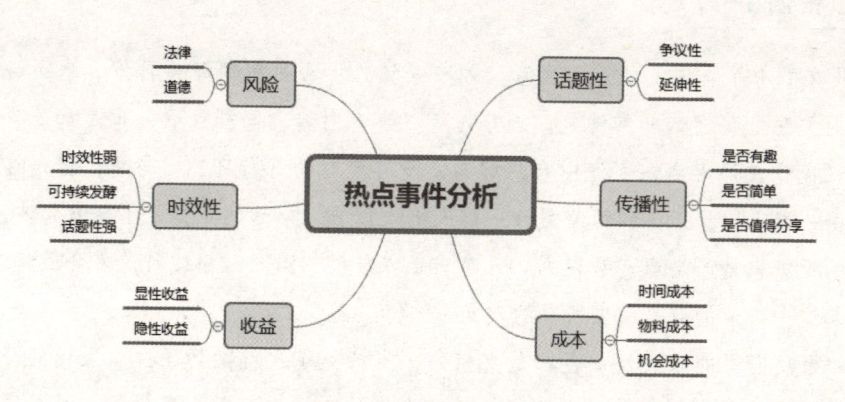

图3-13 热点事件分析

1. 风险

我将风险放在第一位来阐述，是因为现在许多人或者企业为了能够让自己爆红起来，往往会不择手段。我们在追热点的时候，要优先保证自身的安全性，如果连这一点都没有意识到，注定会吃亏。

风险一般分为两种，一种是法律层面的，另一种则是道德层面的。法律层面的风险体现在触碰了不该触碰的底线，而道德层面的风险则是有可能引起群众的谴责和厌恶。

我们在考虑追热点时一定要记住，热点是一把双刃剑，用得好就能为我们披荆斩棘；用得不好就会适得其反，反而伤了自己。

2. 话题性

只有具备了一定话题性的热点，才有追的意义。下面我们来具体分析。

我们要想判断一个新鲜热点的话题性是否足够强大，一般可以考虑用户是否会参与进来、该话题是否与用户相关、后续的进展是否值得用户期待。只有有足够多的用户参与进来，进行探讨，才可以让事件的话题性持续下去。

一件热点事件是否具有话题性可以从两个方面来考虑，即话题是否具有争议性，话题是否具有延伸性。

所谓争议性，就是引发的热门事件，并没呈现一边倒的趋势，而是网络上有许多不同的声音，有支持也有反对，只有这样具有争议性的热点才值得追。

案例 3-17

我在书中不止一次提到，文章必须有争议性，否则就算写得再好，也不会引起太大的关注。我们都非常清楚，人分好坏，事有对错，同样互联网也是如此。我将互联网比作汪洋大海，而海中有两群人，没有绝对的好与坏、对与错，但是存在对立。将一群人比作正方，而将另外一群人比作反方。永远的正方是不会激起波浪的，永远的反方也是不会激起波浪的。只有当正方与反方激烈碰撞的时候才会激起波浪，而激起这个波浪的就是我们所写的软文。

如果我们写的软文清一色都是支持的，支持完了也就散场了；如果我们写的软文清一色都是反对的，像某些不择手段的自媒体人，大家都会骂他们，可是骂完之后呢？也就没有下文了。

以2017年的新闻"产妇在医院跳楼自杀"为例，这件事就是最具有争议性的。因为网络上一方认为责任并不在医院，另外一方则认为责任在医院，是医院没有照顾好产妇。我们在撰写这种争议性颇大的文章的时候，一定要注意不要明确地站在某一方，而是要理性分析，千万不能盲从，一旦风口浪尖指向了你所写的文章，那就危险了。

所谓延伸性，就是指能通过这一个话题，拓展出其他更多的话题，也能吸引更多用户关注。

案例3-18

2016年，papi酱引爆了视频自媒体的热度。我们可以看到，许多自媒体人开始投身于视频自媒体，以一些平台恶搞或者直播来获取用户的关注。papi酱只是一个引子，我们可以陆续通过这个引子展开后续，比如"短视频自媒体的火爆内幕""如何通过视频营销快速成为网红"等都是作为延伸性话题而展开的。

3．时效性

时效性主要是指该热点事件能在互联网上活跃的时间长度，我们可以根据预估热点事件持续的时间长短，来判断是通过一篇文章打造热点，还是持续打造热点。在生活中我们经常会发现，有些节假日还没有来临，网络上一些相关文章就开始出现。而有些热门的话题，仅仅就是昙花一现，或许今天还热着，明天就被用户抛之脑后。所以我们一般需要选择一些时效性比较强的热点，来进行持续性的软文撰写。

一般来说，我们可以通过以下三点来进行判断，热点是否具备较强的时效性：留存性强、可持续发酵、话题性强。

留存性强，主要指该事件会持续留在人们心中，虽然会因为时间而淡忘，但是只要有人重提旧事，依然会被关注。

话题是有阶段性的，我们需要好好把握各个阶段。比如《战狼2》上映之前，就是一个话题高峰阶段，我们可以借此种方法，在一些比较热门的电影未上映之前，抢占先机。

4．传播性

凡是不能被传播的话题，都是不具备成为热点的基础的，也就不值得我们关注。

通常能够传播开来的热点都具备三种特性：有趣、简单、值得分享。

是否有趣很重要，无趣的东西是没人愿意传播的。

案例3-19

有趣而且热门的案例非常多，例如："脸萌""妈妈再爱我一次""我们是谁"等，再比如各种火爆朋友圈的辞职信、请假条等。这些案例之所以能被广泛传播，完全是因为有趣，使用户自发传播。

越简单的热点越能引起用户的关注。

微信里有这样一个功能，叫作"标签"，这个功能的意义是什么呢？就是使用户更加容易记住，并且容易找到。现在许多企业会将曾经复杂的方式简单化，也就是"傻瓜式"操作，以此来改善用户体验，加深用户对企业的印象。

案例3-20

以小米手机和OPPO手机为例，小米手机开创了这样一个热点——"大屏手机就是小米Max"，以大对小的衬托来使用户印象深刻；OPPO手机则以"充电5分钟，通话2小时"的创意刷爆朋友圈。恰恰是这样简单的方式，让用户对产品的印象更深刻。

分享是传播的重点。只有不断被用户分享，才能不断将热点话题持续下去。所以我们要弄清楚用户分享的原因有哪些，再以此来开展热门话题的撰写。为什么用户会分享呢？我们可以通过图3-14来了解。

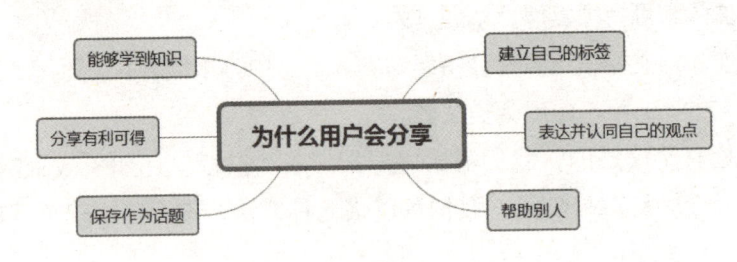

图3-14 为什么用户会分享

5. 成本

正所谓投入与产出要成正比，我们得先考虑成本，才能创造价值。通常要考虑三种成本，第一种是时间成本，第二种是物料成本，第三种则是机会成本。

（1）时间成本

热点随时都在产生，我们了解热点，然后将其展现出来的方式也有很多，但是这个过程我们难免需要花费一定的时间。这个时间成本，正是我们需要考虑的。毕竟我们不可能为了一个未知的热点，浪费大量时间。

通常我们完成一篇好的软文，加上排版、配图等工序，至少需要花上半天时间。如果我们想要通过其他方式展现，花费的时间就更多了。

（2）物料成本

我们将软文写好之后，是需要传播的。现有的资源可以立马上，而没有的资源就需要去寻找，甚至需要结合线下的资源一起推进。

（3）机会成本

正如我之前所说的，我们的时间都是有限的，热点文章的持续程度也是有限的，我们将大量的精力放在某个热点上，到底是否值得，也是需要考虑的。

最后可能会涉及金钱成本。如果你是个人站长或者自媒体，那你是不会花费金钱去推广一些无法变现的热点的；如果你是公司的软文写手，也不必过多考虑金钱成本。

6. 收益

收益其实比较容易计算，通常来说分为两种，一种为显性收益，一种为隐性收益。显性收益就是我们能看到的，我们所运营的平台关注度有所增加、咨询产品的人数增加、销售业绩的增加等均是显性收益。通过某热点，公司的知名度、产品的品牌效应以及用户对产品的喜爱程度是否有所提高等，都属于隐性收益。

3.2.3 追热点的常见套路

具体的追热点的方法，如图3-15所示。

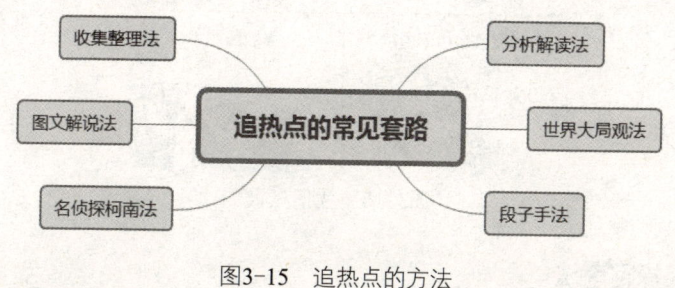

图3-15　追热点的方法

1. 收集整理法

收集整理法就是将一些当前热点新闻相关的资料，以收集整理的方式重新撰写成一篇全新的文章。这种文章在互联网上也颇受人关注，因为多方资料整理整合后，使得用户关注和阅读更方便，也具有足够的趣味性。

2. 图文解说法

图文解说法其实是将软文以生动有趣的图文形式表达出来，这种手法的目的是使读者更乐于阅读，并因好的阅读体验而主动传播。因为加入了一些创意的图片，能够将热点话题的趣味性大大提高。

案例3-21

以目前最为流行的"我们是谁"为例，如图3-16所示，当时创意方发布这段图文的时候，也没有想到会这么火。我们可以看到，其创意正是以图文的形式展示了我们内心想要说的话，也正是因为如此，成了热点。而后面衍生出来的各种类型的"我们是谁"，正是追热点的典型表现。

图3-16 我们是谁

3. 名侦探柯南法

《名侦探柯南》之所以能够火上十几年，最大的原因应该就是能够勾起人们心中的疑问和探究欲，吸引了众多观众的持续观看。同理，生活中也存在着许许多多这种类型的文章。当然这种文章必须具备一定的逻辑推理元素,就像一部侦探剧一样,没有完美的布局和推理,是很难吸引用户的。

案例 3-22

写这种类型的文章,一定要抓准读者的内心需求。举例来说:《机器猫离开大雄之后的生活》《天龙八部中的扫地僧到底是谁》等,这种类型的标题,只要我们脑洞大开就可以想到。但是要想写出来的文章合理,又不失风趣,就要有一定的功力了。

4. 分析解读法

分析解读法更多适用于一些喜欢学习的人,比如教读者如何做、怎么做、怎样做好等。但是毕竟不是每个人都真能热爱学习。所以一般教育式的分析解读,是不能引起用户关注的。因此必须选择合适的话题,比如,教用户如何挣钱。如果写《我是怎样从月入三千到年薪百万的》,我可以很明确地告诉你,阅读量会非常可观。

案例 3-23

我们以曾经火爆一时的煎饼大妈名句"我月入三万,怎么会少你一个鸡蛋"为例,如图3-17所示。这段话几乎瞬间刷屏。随后以此为切入点,出现了如《大妈月入三万是怎么做到的》《一个大妈都月入三万,你还有什么资格不努力》《月入三万怎么了,我月入三千我骄傲了吗》等。这些文章在当时都收获了数万甚至十万以上的阅读量。这是典型的以分析热点来追热点的方式。

图3-17 月入三万,就问你服不服

5. 世界大局观法

所谓有大局观，就是要认清形势，顺势而为。对于新爆料的，尤其涉及道德（并非道德绑架）底线的事件，我们可以抓准机会，得到读者的认可。

案例 3-24

以马某出轨经纪人为例，当这个新闻被爆料出来之后，几乎所有人都支持王某，就连曾经不喜欢王某这个演员的人也开始同情他。这就是典型的碰触了道德底线，所有人都对此事不耻。这个时候如果我们写一篇《马某你真的错了》，相信必然得到广大用户的支持。

6. 段子手法

网络上越来越流行段子，很多段子手依靠一些小创意能够获取丰厚的回报。但是大部分段子手只能创造段子，而不能创造软文。我们可以借鉴一些流行段子的创意，重新加工修饰后再发布，这也是一种追热点的形式。

案例 3-25

段子手之所以能够成功获得关注，很大的原因是将一些可能超越现实的内容用一些有趣的、语不惊人死不休的方式讲出来。举例来说：王健林"定一个小目标，比如说先赚一个亿"就是语出惊人。

当然如果我们想要写出绝佳的热门文章，通过借鉴段子手的创意来拟定标题，并进行发散型思维的撰写，那必然能够打造一篇受人热追的文章。

3.2.4 不会追热点，千万别硬追

现在追热点的自媒体和公司越来越多，甚至有人完全是盲目追热点，只要有热点出现，就第一时间发布相关文章。这样追了热点，却并不能带来什么效果。原因是这些人不会追热点，偏偏还要硬追。

刚开始追热点时，追一个是一个。但是现在追热点的人越来越多，就不免于流俗。就像曾经的炒股、淘宝、SEO优化以及近几年的微商，甚至于情怀都一样，参与的人太多了，就"玩"坏了。最要命的就是，这些不知道怎么追热点的

人，还越来越积极。

之所以盲目追热点，主要是因为没有找准自己的定位，也就是没有找到热点与自己运营的平台的相关性。

案例3-26

以王宝强离婚案为例，这件事过去这么久了依然是非常火爆的热点。那时候就有许多微信公众号跟进了热点，但是为什么有的做得好，有的做得差呢？其实最大的原因就是这件事到底与我们的平台有没有关系，也就是说关注我们平台的用户对这件事有没有兴趣，如果没有，那就是典型的盲目追热点，最后自然没有什么效果。

当时我有两个朋友分别运营着自己的微信公众号，关注者数量也不相上下。一个以娱乐圈八卦为主，一个以育儿健康为主。他们分别在第一时间报道了这个新闻事件。但是以娱乐圈八卦为主的微信公众号，那篇文章的阅读量居然突破了数十万，转发量达到了数万，而平时他的文章阅读量只能维持在一千左右。就是这样一篇文章，为他带来了上万的关注量，比他以往积累的都多。而另外一个以育儿健康为主的微信公众号发布这篇文章后，阅读量却只有寥寥数百，比平常发布文章的阅读量要少得多。

后来我去问这个运营育儿健康微信公众号的朋友，"你为什么要发布这样的文章？"他说："因为热度高啊。"我接着问他："那这和育儿健康有关系吗？"他说："我觉得有关系啊，关注我们平台的用户都是年轻女性，我想她们很喜欢这种类型的文章。"

说到这里，我想我这个朋友应该是搞错了。关注他的平台的的确都是女性，而且女性可能有不少也会喜欢八卦新闻，但是他的理解有偏差，或许关注他平台的大多数女性，都更注重健康、学习、理财、养生甚至于一些相夫教子的内容，她们可能恰恰就对八卦不感兴趣。问题就出现在这里，我们要弄清楚我们的用户关注的是什么，针对用户的喜好去推送合适的热点才算是会追热点，而不是盲目追。

在追热点方面，做得比较成功的有杜蕾斯品牌的微博。我们可以去借鉴学习，看看它们是怎么做的。它们绝对不会盲目追热点，而是会在分析之后再去追，与它们产品不相关的热点就不会去追。所以，我们在追热点的时候，一定要重点考虑相关性。与自己平台相关联的热点，第一时间去追，去发布相关文章；与自己平台不相关的热点，就放弃，不要随便硬追、瞎追、乱追。

3.2.5 追热点未必就会成功，失败经历分享

追热点是快速获得关注并且带来流量的捷径，因为有绝对的热度在那里。但是有些情况就算你追到了热点，也未必能成功。热点只是相当于我们拿到了一手好牌，至于怎么打、打得有多好，就要看我们自己的本事了。

成功与失败并存，追热点成功的人不在少数，而失败的人更是数不胜数。本节介绍几个追热点失败案例，我们可以从失败的角度来分析原因，最后学会正确追热点。具体案例如图3-18所示，包括：刘诗诗吴奇隆婚礼、霍金开通微博吸粉百万、科比正式退役以及电视剧《太阳的后裔》，这四个案例均是当时的热点。

图3-18 追热点失败案例分享

1. 刘诗诗吴奇隆婚礼

2016年3月，刘诗诗与吴奇隆的婚礼刷屏各大媒体平台，各大社交平台也纷纷献上祝福。这样的新闻无疑成了当时首选的热点，许多公司与自媒体人也纷纷开始筹备相关选题。刘吴婚礼的日期是3月20日，正逢周末。我的一个朋友是一个经常借助热点进行营销的自媒体人，但这次他只是带着凑热闹的心态去围观，并没有在第一时间或者提前进行热门文章的布局和策划。

婚礼第二天，热度还正在持续上升。于是朋友在网上搜索了一些相关文章，开始准备借此话题来进行热点文章的撰写。因为要结合平台自身的方向，所以在选材、找资料、配图、排版上都花费了大量的时间。等到他整理好文章发布的时候，已经是晚上了，才突然发现这件事扩散太多，已经不再受人关注，阅读量也可想而知不会高。

失败分析：朋友最大的问题就是没有及时或者提前发布，这种明星婚礼热点持续时间本身就不会很长，没有在第一时间发布相关文章，而是在热度渐消的时候才发布，意义不大。

解决办法：热点之所以称之为热点，就是热在那一刻。我们都知道"三分钟热度"。当热点第一时间被爆出来的时候，如果我们决定入手这个热点，就要迅速行动。

2. 霍金开通微博吸粉百万

霍金开通微博吸粉百万，这是持续时间相当短的一次热点，仅仅几个小时之后就淡出了。2016年4月12日当天，英国物理学家霍金在10点12分宣布正式开通微博。相信许多人此时准备开始追热点了，但其实我并不看好这个热点，于是选择了放弃。我的朋友却不这么认为，觉得一定要写。我对他说，如果要写的话，就写好了立即发出来，千万不要多修改。可是我的朋友是一个讲究写文章精细的人，每次写文章都会花费大量的时间，这次也不例外。可是他没料到的是，才过了六个小时就不再有人关注这件事了。而这六个小时之内，无数有关霍金的文章已经充斥了整个互联网。

失败分析：没有必要追的热点应果断放弃。霍金是物理学家和宇宙学家，是偏专业性的，而这种专业性的专家有多少人会喜欢呢？而且我的朋友在追热点的时候，过于追求完美，热点本身就是以快打慢，快速发布热点内容才能吸引用户的关注，而不是深度挖掘，那些所谓的深度内容其实用户根本就不感兴趣。

解决办法：自媒体人和运营人员，一定要有这样的意识，即什么热点该追，什么热点不该追。当决定要追的时候，就要快速实施。对于热点，抢的就是时间，拼的就是速度。不能持续发酵的热点事件，或者有预告的热点，我们是没有太多时间去精雕细琢的，一定要记住一个"抢"字。要想快速打造一篇热点文章，最快的办法并不是全部原创，而是通过现有的新闻，加上自己对文章的观点即可。

3. 科比正式退役

2015年11月，美国职业篮球运动员科比发布了正式退役的声明，2016年4月14日科比打了职业生涯最后一场比赛。科比是谁？喜欢篮球的男生，几乎没有不知道科比的。当时我公司里的一个同事，偶尔也会追热点。他发现这是一个绝佳的热点机会，但是他并不了解科比这个人，而且对篮球知识一窍不通。于是他花了大量的时间去收集和整理资料，然后发布了一篇有关科比的文章，最终虽然勉强获得了一定的阅读量，但是转发量少得可怜。

另外一家公司同样在追科比的热点，该公司将文章的推送热点放在了下午一点左右。这个时间大多数人刚吃完午饭，而且此时正好是科比最后一场比赛的结束时间。该公司以"科比退役，60分完美逆转！不求10W+，只为了对他的感情"这样的标题引起了无数篮球爱好者的共鸣，于是获得大量转发。就像曾经互联网上流传着对周星驰的话"我们都欠星爷一张电影票"，喜爱科比的人，一样也有类似的情感，这样的追热点能不火吗？

失败分析：公司的同事之所以失败，是因为没有对能够预判的热点事先准备，更因为选择了自己不熟悉的话题，没有能抓住热点的引爆核心。

解决办法：对能够预判到的热点，我们最好能提前准备。有些热点的发酵时间或许很长，但是能引起关注的时间也就那么几天。像节假日那些热点，我们都可以很清楚地预测到。我们不能到了情人节当天再去想怎么写，而应提前去想并且写好，只需要在情人节那天发布出来就可以了。如果是需要经常追热点的媒体人或者运营人，那么最好能够整理一份时间表。

4．电视剧《太阳的后裔》

《太阳的后裔》在2016年热播。可能你没有看过这部电视剧，但一定听说过。这部热播时间长达两个月的电视剧，成了无数自媒体人、营销人、段子手锁定的对象。

这期间有一个非常喜欢看这部电视剧的女性朋友，刚刚接触自媒体没多久，她看到这部剧如此火爆，于是决定着手准备有关这个热点的软文。但是对于这种隔几天就换个话题的热门剧，她并没有抓住特定时间的爆发点，只是随着自己的性子去写。另外，当时这部剧已经被许多营销人借势营销过度了，她却依然想通过该热点进行营销造势。用户本身就抵触营销，而她恰恰又使用了营销作为标题，营销二字使文章无人问津。

由于她刚接触自媒体没多久，将营销过于直接化。其实真正的营销讲究的是布局，是如何将用户吸引过来。将用户抵触的营销，变成用户喜爱的话题，才是真正的营销人。我浏览了一下有关这部剧的文章，发现有一个标题写得非常不错，《月亮的后裔是包拯，那么太阳的后裔到底是谁呢》，很有创意的标题。包拯因戏剧中的形象而被调侃为月亮的后裔，而这部剧以太阳的后裔为题，作者非常巧妙地将其植入到了软文当中，并营销了出去。

失败分析：在互联网上，这种追热播剧热点的方式很常见。比如电视剧不会一次放完，而是会留有下次的更新时间，这个更新时间，就是最好的追热点时机。但是这个刚刚接触自媒体的朋友，对这一点把握得并不深刻。

解决办法：这种持续性的热点许多方面都已经被写烂了、写透了。当我们再想写这种热点的时候，选题一定要新颖，不能按照互联网上的套路照搬照抄。持续性的热点可以给我们充足的时间发掘未知的热点。以《爱情公寓5》为例，这是一个热点，比如"关谷神奇不再参演""小姨妈有了新的CP""诺澜会不会再次出现"以及"跑男的加入"等，这些都可以从电视剧类型的热点中不断地发掘。

5. 小结

有成功必然就有失败，我们在学习如何追热点的时候，最好通过其他人的案例不断积累经验，少走弯路，从成功的软文中掌握技巧，才能不断写出适合自己的优秀软文。

3.3 事件性软文

事件性软文不像创意性软文那样需要冥思苦想创意，也不会像追热点软文那样只需要掌握技巧就可以写。事件性软文的写作要求并不会很高，但是很容易引起舆论的压力。一般来说，事件性软文更多是以一些独特的新闻事件作为撰写基础。如果我们要撰写此类软文，应该更多从用户的角度去考虑，而不能随意发表自己的观点。

3.3.1 什么是事件性软文

事件性软文的主要内容是真实发生的事件，由于事件性软文具有一些新闻的特点，所以也能够引起人们的关注。

比如：华南虎真假事件、杭州富家子飙车事件、少年冒充公安厅厅长事件，这些事件都引起了网民的强烈关注和谴责。

3.3.2 事件性软文的产生

我们要搞清楚事件性软文是怎样产生的。事件性软文并不是由媒体人或者运营人员原创的，而是因为某件事已经引起了部分人的关注。这个关注引起了众多的猜想，最后由猜想而发生一步步的调查和研究，最后形成了事件，也就有了事件性软文。

案例3-27

2017年5月，微博上爆出一则《全班43人有15对情侣集体结婚》的消息。随后该消息引爆微博，成功登上了微博热搜。但是随着事件的慢慢发酵，许多细心的网友发现，这是一则虚假的消息。因为消息中并未透露是哪所学校，标题中声称有15对，资料上却只显示最多11对。而且这一连串发酵中，各种解答也好像早就策划好了一般，最后由此引出了某地的旅游景点。最终证实，该消息是一家广告公司为了宣传旅游景点而策划的，随后引发了网友的强烈谴责。为了营销和广告使出这样的手段，实在是令人不齿。

3.3.3 如何写好事件性软文

要想写好事件性软文，可以根据如图3-19所示的方法进行撰写。

图3-19 事件性软文的写法

1. 策划与报道

事件性软文的重点就是策划得当，不能随意写，要不然很难收场。在策划好之后，结合自己现有的媒体和身边的资源，进行报道，从而引起媒体和网民的广泛关注。

2. 调动网民去写

事件的产生，不是由一个人完成的，更多的是通过策划好的方案，让媒体人和一些活跃在社交媒体圈子的营销人，自发地去帮忙撰写。现在许多媒体人都活跃在互联网上，一旦发现有趣或者值得关注的事件，他们都会第一时间发布文章。加上他们身边的读者群体，自然就能引起广泛的关注，成为热搜。

3．要持续发酵

传播是需要时间的。所以要围绕有关事件不同的问题，持续让用户关注。并且可以通过专题等模式的推广，来扩大该事件在网络上的影响力。

4．打破常规，影响巨大

一定要策划好事件内容，不能按照常理出牌，否则将毫无意义。

5．正反均可，把握尺度

在营销的定义里，事件并没有绝对的好与坏。我们可以利用各种事件来进行营销，但是决不能超越人们接受的底线，否则一定会适得其反。

6．快速出名

无论你是在做自媒体，还是在公司做新媒体运营人员，都必须清晰认识到，事件性软文的核心目的很简单，那就是出名。

3.4 快速创作软文

我身边有许多自媒体人，他们坚持每天写一篇文章，有的坚持了一年，有的写了十多年还依然在坚持。我自己写文章已经持续了四年，后面依然会坚持写下去。

很多资深的自媒体人，都会采用一种方法，那就是快速创作软文。有的作者每天都能写好几篇文章，写上万字也相当轻松。这就是掌握了快速创作软文的秘诀，写文章又轻松又快速。

3.4.1 快速写作的基本要素

其实写文章是一种将头脑中的思维具象化的过程。只要我们的脑海中拥有丰富的知识，那么写任何软文都会信手拈来、轻而易举。要想真正做到快速写作，最好掌握如图3-20所示的几点要素。

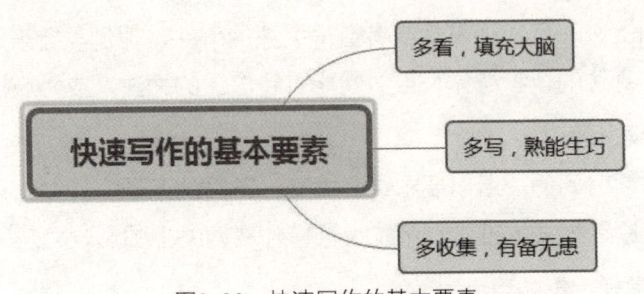

图3-20　快速写作的基本要素

1. 多看，填充大脑

无论我们写哪方面的文章，具备足够丰富的知识和经验都是必要的。只有多看，将大脑填充起来，才能够拥有新鲜的话题、自己独特的见解以及经验之谈。比如你要写的核心主题是创业，那么就要先问问自己：自己有过几次创业的经验，结识了多少创业的前辈，读过多少本创业的书籍，经历过多少次失败与成功，在失败的经历中获得了什么，等等。一系列的问题都在等着我们，如果我们没有任何实际经历和阅读的经验，那这种类型的文章不可能写好，甚至根本写不出来。

我看过很多文章，可以很容易地识别出哪些是虚假甚至抄袭的。虚假的文章给人空洞感和无力感，原因是这种文章的作者只是单纯地为了写文章而写文章，并没有什么意义。核心问题也是看的不够多，想的不够多，经历的也不够多，软文的水平自然也就上不去了。

2. 多写，熟能生巧

如前所述，学习写软文就像学习一门武功，武功有许多招式，虽然我们都知道，但是必须在实战中锻炼才算学成。所以我们要在写软文的过程中，不断寻找合适自己的招式，而这些招式经过日复一日的训练，慢慢就能成为自己的独门绝招。等到熟能生巧之后，这些写作方法就像我们的手脚一样，和我们的身体融为了一体，想要写某种软文的时候，可以很快确定该怎样写、怎样表达。

只有训练得当，多写多练，才能明显加快写作的速度。如果没有经常锻炼，等到写软文的时候，你就会发现，脑子里想了很多却不知道写什么，只能一边思考写作内容，一边又要思考怎么写。写作本就是一件静心的事，你心都不静怎么能写好呢？

这种熟能生巧的方式并不需要别人传授，正所谓适合我不一定适合你，适合你的不一定适合他。所以我们一定要记住，通过不断实践，才能慢慢找到自己写作的方向、技巧、文风，最后也就能确定自己的写作风格。

3．多收集，有备无患

要想写出有价值的文章，就一定要准备足够多的资料。这些资料就像我们准备好的武器，虽然当下不一定有用，但有一天我们想要写这方面软文的时候，就一定会用到。比如专门写娱乐新闻的写手，他们就必须牢牢记住明星的基本资料。一定要记住，我们在生活中发现的一些有趣的、有价值的、有意义的素材，一定要收集起来，以便日后能有所用。

3.4.2 写作大忌，中途打断

我们写作靠的是什么？是思路。那么我们写作的时候，最忌讳的是什么呢？那就是思路被打断。我们可以这样设想一下，如果我们正聚精会神地写着文章，此时家里有许多小孩子在不停地吵闹，那还能写下去吗？再比如我们在写文章的时候，时不时地就打进来一个电话，每个电话都需要好几分钟，那我们的思路早就没了，还怎么写得下去。

写文章讲究的是心境，也是心静。只有让心静下来才能有良好的心境，才能写出优秀的文章。如果在写文章的过程中，不停地有外界骚扰，心态好的人会选择放弃或者尝试重新找回自己的思路，而心态不好的人则会气愤非常，甚至是大发雷霆。

所以我们可以确定，那些优秀的、广泛流传的文学作品，都是作者在心境单纯、心无旁骛的状态下完成的。正因为写作的过程需要精神专注，为了让文章的思路开放、通畅，最好能将文章的创作一气呵成，这样才能创作出最佳的作品。

如果我们在写作的过程中，本来思路是畅通的，但是因为某个地方要以案例为铺垫，而我们却没有这个案例，此时一定要记住，应该将这里先放下，先写完接下来的内容。我们写文章就像建房子一样，你不可能因为一间小卧室的设计问题，就放弃了建造整栋房子。

3.4.3 怎样批量写作

对于批量写作，如果你学过网络优化，就很容易理解。

通俗一点来说，批量写作就是围绕一个核心关键词，展开的一系列文章写作。比如本书，就可以称为批量写作。因为各文章的核心都是软文营销，从软文介绍到如何写软文，最后介绍怎样将软文推广出去，一气呵成。

案例 3-28

以胃肠病为例：《胃病是由什么原因引起的》《胃病的起因》《怎样预防胃病的发生》《治疗胃病需要多少钱》《根治胃病的方法》《深圳治疗胃病的医院》《胃肠病严重吗》《治疗胃病可以用医保吗》等，这样有关胃病的一系列话题就出来了，有了标题就能快速创作。

接着我们以女性喜爱的瑜伽为例：《五分钟瑜伽教你美背》《瑜伽不同姿势的好处》《瑜伽塑身美体》《瑜伽小方法，美丽大不同》《瑜伽高手的长寿秘诀》《瑜伽呼吸法经典10式》等，又是一个批量性的软文创作。

以上两个案例在网络优化中运用得非常广泛，所以我们想要批量创作，就要找准方法和技巧，这样我们才能真正具备批量创作的能力。

3.4.4 小结

当你看到这里的时候，软文的理论学习已经结束了。现在的你应该了解了软文是什么，怎样才能写出优秀且具有价值的软文。但是既然本书是以软文营销为核心，软文写完了，自然就要学习如何营销了。接下来将介绍如何将软文营销出去，所谓酒香也怕巷子深，优秀的软文也需要大力宣传，否则难以取得理想的效果。

第4章 开始软文营销

互联网发展的速度越来越快,网络营销的方式也越来越多。各种新型的营销方式也层出不穷,如服务营销、体验营销、知识营销、情感营销、差异化营销、网络营销等。其中,网络营销是很常见的营销方式,网络营销又分为视频营销、软件捆绑营销、软文营销等。其中软文营销的方式学习并运用的人非常多。

4.1 熟知软文营销

软文营销之所以能够得到如此广泛的运用,自然有它的道理。软文营销往往能够快速、低成本地将企业的产品和形象在互联网上实现推广,以此来提升企业和产品的知名度,让用户能够快速地知道品牌和产品。这种既省钱又省时的方法,自然成为众多企业和媒体人的营销手段。

要想真正掌握软文营销,就必须花费时间进行学习。我们可以从如图4-1所示的几个方面着手,一步步地了解和掌握软文营销。

图4-1 熟知软文营销

4.1.1 什么是软文营销

软文营销是将商家的广告以软文的形式，通过一些互联网上的推广平台推广出去，让用户看到软文，并通过软文了解商家的产品，最终产生购买的需求。这一连串的步骤，从最初对软文的定位，到产品的成交，都是软文营销的重要组成部分。

许多人在概念上可能有点模糊不清，认为软文推广就是软文营销。其实软文推广只是软文营销的一部分，也就是说，推广并不等于营销。我们经常会在职场上听到有公司招聘营销总监和推广专员，并没有听说过推广总监这个职位。显然，营销是在推广之上的。推广只是简单地让用户看到我们的产品和软文而已。而营销则需要加入一些方案、技巧及布局，最后让用户从心里接受产品和服务。

想要彻底了解什么是软文营销，就要从软文营销的本质、软文营销的方向、软文营销的目的、软文营销的技巧以及软文营销的宗旨五个方面综合了解，如图4-2所示。

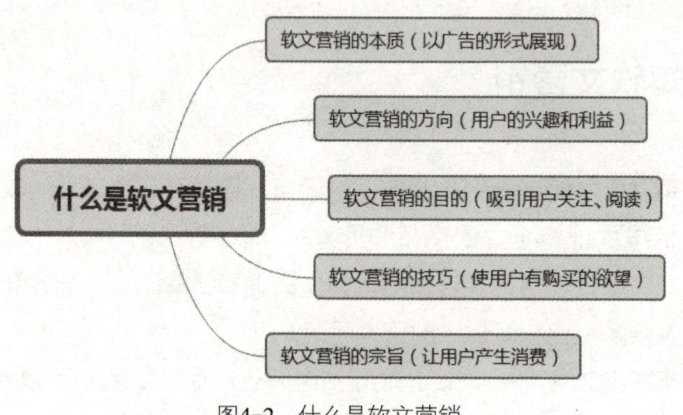

图4-2 什么是软文营销

1. 软文营销的本质（以广告的形式展现）

只要在一篇软文中植入了广告，无论是产品广告还是人物宣传广告，只要有广告的介入，我们就得尊重它的商业价值，这就是不折不扣的软文营销。而这种具备商业价值的软文营销，就是广告。虽然这种广告与我们传统印象的硬广有着不同的展现形式，但是我们不得不承认其本质是一样的。而且最终想要达到的目的和效果也是一样的。在互联网上，软文营销所做的广告，远比传统的硬广要更加优秀。

2. 软文营销的方向（用户的兴趣和利益）

现在许多公司的写手其实并不称职，因为他们只是简单地将产品优势、产品结构等进行整理，这就像将包装内的说明书重新抄写了一份，并没有什么意义，所以往往这种软文都是反响平平，无法取得任何营销的价值。我们写软文是要面对用户的，所以我们的营销方向就是用户。那么，用户关心的是什么呢？用户其实更多时候是关心你的产品是否有趣，或者能否产生一定的利益，而这个利益就包括了方便、省事、省心、好用等。

在软文营销的方向上，我们需要从多个方面去考察用户想要的是什么。这也是我们一直在互联网上听说的用户需求，用户喜欢看什么，我们就从用户喜欢看的地方去撰写软文，并且将广告植入软文中，这才是真正的营销。

3. 软文营销的目的（吸引用户关注和阅读）

软文营销是一连串的操作，而操作想要达成的第一个目的就是吸引用户关注和阅读。如果连这一点都做不到，更别谈成交了。正所谓饭需要一口口地吃，事需要一件件地做，软文营销也是如此。软文之所以称为软文，并不是说这种文章值得细细品味，意味深长。相反，软文是最简单、最直白的文章。我们要非常清楚的是，阅读我们文章的用户都是普通人，普通人更关注生活中的点点滴滴，无论是什么类型，都会有用户喜欢。

我们看到现在软文市场充斥着各种标题党。那么为什么这些标题党会存在呢？正是因为有许多用户喜欢夸张、耸动的文章标题，乐于去看这种类型的文章。如果我们能够通过此类标题加大用户的关注和阅读的兴趣，那就是一篇非常成功的软文。

4. 软文营销的技巧（使用户有购买的欲望）

软文营销之所以被称为营销，是因为软文中植入的广告使用户有了购买的欲望。这就涉及一些营销的技巧了。软文营销的文章必须能够将所要表达的内容说清楚。也就是说，产品的特点、卖点千万不能含糊其词，使用户无法掌握。

现在有许多网上来的客户，他们怎么来的呢？绝大多数都是看了营销软文，感兴趣之后才加客服微信或者QQ。软文的作者通过撰写软文，不仅将广告植入了文章，更是将广告植入了用户的心里，让用户产生了购买的欲望。

5. 软文营销的宗旨（让用户产生消费）

无论是吸引用户点击和阅读，还是让用户有购买的欲望，这两者对于软文来说都是成功的，但是对于营销的成功，还需要最重要的一点，那就是产生消费。这就像踢足球一样，你总不能说差一点就出线了；也像考试那样，你总不能说差一分你就能上清华北大了。没有达标就是没有达标，软文营销也是如此，只有用户产生了消费，才是真正的成功。

4.1.2 软文营销的战术

思深方益远，谋定而后动。只有制订了合适的战术和策略，我们才能无往而不利。软文营销也是如此，只有确定了切实可行的营销战术，才能使软文营销的效果最大化。企业和自媒体人也能从中获得合适的回报。

想要学习软文营销中"排兵布阵"的战术，可以参考图4-3，但是要切记理论结合实战。

图4-3 软文营销的战术

1. 善于包装

每个人都有好奇心，无论是对新鲜事物的了解、对未知知识的学习，还是对最新爆料出来的八卦消息。所以只要我们善于包装，将我们所撰写的软文包装在新闻栏目里，就非常容易受到关注。在使用包装技巧时一定要注意，文章必须是全新的，切勿使用一些已经过时的新闻。

在软文营销领域，最能引起用户注意的就是新闻。所以我们可以看到许多大型的门户网站（如图4-4所示的新浪网首页），新闻总是处在一个极其显眼的位置，以便第一时间发布新闻后即被关注。而且当我们投放软文的时候，除了要投放在相关分类栏目，最好也能将其投放在当前网站的"热点新闻"栏目。

图4-4 新浪网首页

2. 创新概念

很多软文写手每天都写文章,尤其是自媒体人和企业里的运营编辑,但是并不是每天都有新鲜的事情可以写。每当出现这种情况的时候,就需要我们自己去创造新概念。

概念并不是随意创造出来的,我们所创新的概念一定要和用户息息相关,能够引起用户的关注;否则概念创造得再好,不能被大众接受,也是做无用功。

案例4-1

以消费者最关注的"双十一"和"双十二"为例,以前是没有这样的概念的,但是现在成了众多用户的购物狂欢节。还有各大商家举办的大型活动,比如周年庆等,现在都已经逐渐成了消费者关注的概念。

3. 结合热点话题

如前所述,热点话题是最容易为企业打造良好口碑和形象的切入点。只不过企业在切入热点话题的时候一定要注意话题所造成的影响,千万不能介入一些有负面、低俗倾向的热点话题,以免用户对企业的品牌和产品产生负面情绪,一定要针对热点话题营造一种正面向上的形象。

4. 分享经验

分享经验的目的不是从用户身上得到什么，而是通过总结自己的经验和知识，整理或许对用户有学习价值的软文。用户阅读软文后获取了有价值的信息，就会认同和分享软文，并认可作者。

以分享经验的形式可以打造非常高价值的软文，使用户自发地转发和分享，为自己和企业带来流量，获得理想的推广效果。

5. 树立品牌

什么叫品牌？淘宝、京东就是品牌，成龙、周星驰、李连杰也是品牌。品牌，因为具备了一定的影响力，大部分用户会选择欣然接受。无论你是经营个人品牌还是经营一家企业，树立品牌是必不可少的。品牌的建立从来都不是一两天、三五年的事。想要成就一个品牌，就需要从各个方面不断地宣传。以我们公司和我个人为例，也一直在提倡品牌营销。一旦树立了品牌，比任何广告宣传都要有效得多。

6. 打造"三十七八计"

我们的软文要想从众多同类软文中脱颖而出，就必须有独特的个性和技巧，所以说要打造"三十七八计"。我们不能一直拿着网上的"剩饭"翻来覆去地"炒"，这对用户毫无吸引力。我们只有创新，才会被用户接纳。

> **案例 4-2**
>
> 以共享单车为例，这种创新之所以能火爆，并从无数互联网创业概念中脱颖而出，就是因为打造了一款全新的模式。这种模式是服务于大众的，而不像很多所谓创新，更多只不过是一个噱头。
>
> 运用最高深的技术，创造出最适合大众用户的工具，正是一种远超"三十六计"的计谋。

4.1.3 软文营销的三大核心

任何事情都有它的核心要素存在，软文营销也不例外。下面来了解一下软文营销的三大核心，如图4-5所示。

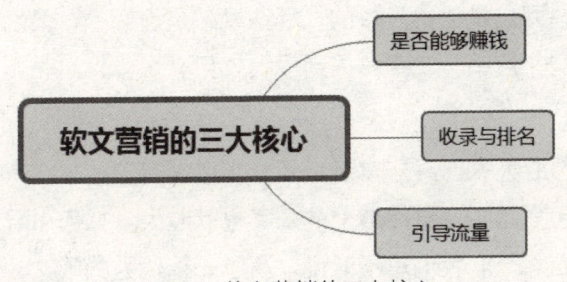

图4-5 软文营销的三大核心

1．是否能够赚钱

软文营销确实能够赚钱，但是软文营销需要一定的技术和成本才能赚到钱。如果只是写好软文，并放在一些推广平台，是很难等来收入的。这种发布软文后等着用户上门就能挣钱的模式，已经过时很久很久了。因为从业者越来越多，搜索引擎也越来越完善，难度已经非常大了。

判断软文营销的效果好不好，主要还是看经济效益，能够带来合理收益自然就是效果好，否则就是失败的软文营销，需要反思其中存在的问题。在实施软文营销过程中已有了成本投入，如果不能带来经济效益，还不如不做。

2．收录与排名

实施软文营销需要合适的软文推广平台，方向有两个，一个是自己经营的网站或者免费平台，另一个是付费平台。现在许多付费平台声称包收录，不一定会包排名。这个所谓的收录就是核心，排名是次要的。现在互联网排名准确来说就是首页的十个位置，正所谓寸土寸金，绝对不可能靠低成本得到。要想获得排名，就必须挖掘更深层次的平台。

如果要说既免费又能获取排名的平台，那就当属现在的自媒体平台了，这些平台的排名都非常好，至于原因这里就不多说了，与SEO有关。我曾在2017年年初，依靠百度旗下的"百度百家"自媒体平台成功获得可观的收益。但是现在百度旗下的自媒体平台合并成"百家号"之后，因为条件低，相对的审核要求就高了。除了那些"养号人"或者知名自媒体人能做之外，绝大多数自媒体人是难以赚钱的。

我们可以通过其他平台，比如百度百科、百度知道、百度文库、百度贴吧等渠道，来保证我们的软文能够保持非常好的排名。

在做软文营销的时候我们一定要记住，不能只是写了、发了就不管了。一定要好好分析，哪些网站是值得投放的，哪些网站是虚假的，最后不断地整理，才能将软文营销中的"营销"二字发挥到最大效用。

3. 引导流量

流量是什么想必大家已经非常清楚了，正所谓有流量才会有收益。互联网上流量越多就表示用户越多，自然成交的几率也就越大。如何引导流量，也是我们做软文营销的核心之一。我们总不能说，写了一篇优秀的软文，也被数以万计的用户浏览，但是用户却不知道怎么找到我们，这就相当于你努力了，做好了，客户也想要购买了，你却把门关了，这就得不偿失了。

所以我们在软文中必须添加一些引导流量的关键，比如自己的联系方式，公司的地址和电话等，以方便用户能够找到我们。只有用户找到我们，我们才能将流量变现，才能赚钱。

现在许多平台由于审核比较严格，不让用户带外链或者留电话、QQ、微信。后来大家慢慢发现，可以将联系方式、官方网站等重要信息通过PS放在图片上，然后引导用户添加和关注。

案例 4-3

如图4-6所示，通过将实名倪涛的微信置于特定的图片上，来引导读者和用户添加。

图4-6　图片植入联系方式引流

4.2　软文的发布

软文营销想要真正成功，不仅要写得一手让用户喜爱的软文，更要将这些软文发布到合适的地方。现在几乎所有的行业和个人，只要是在互联网上宣传自己的产品和形象，都会用到软文营销。软文营销真正的成功由两部分构成，一部分是优秀的软文，另一部分是软文发布的平台。

正所谓同样的一瓶水放在便利店只能卖两元钱，而放在五星级酒店却能卖三十元。同样，软文营销也是这个道理，你写了一手好的软文，将它放在自己的电脑上和互联网上的效果是不一样的，放在自己关注量极少的微信公众平台和放在聚集了上千万流量的今日头条和微博又是不一样的。

再打一个比方，你放在自己的微信公众平台一分推广费用不用花，而将它放在今日头条和微博大流量的平台却要数万元的推广费。看到这里，你会选择哪种呢？如果你选择了前者，那你可能没有任何客户消费；选择后者却有成百上千，加上转载分享说不定会有上万的消费者，利润可想而知。

综上所述，我们可以得知，软文的发布平台是极其重要的，可以让软文营销的价值无限放大，可以为企业带来丰厚的收入。

4.2.1 认识软文发布平台

之所以现在大家都在做软文营销，是因为社会越来越发达，人类也在不断地进步，通过互联网来获取利润，效果会更好，也更省时间。而这些将软文进行发布的平台，也成了众多企业与个人竞相争夺的渠道所在。

我们都非常清楚，想要通过互联网获得利润，就得靠流量，而流量的来源就是排名，想要有排名至少你得先有一个网站。但是互联网终究也讲究先来后到，需要遵循互联网的运营规则。所以现在再想通过一个网站去获得排名和流量，是极其困难的事。

这样就有了软文的发布平台，也就是借力，借助其他平台高权重、高流量、高排名的优势，让我们的信息通过软文能快速在互联网上获得不小的反响。那么软文发布平台都具备哪些优势，我们又该如何操作呢？

1. 软文发布平台的优势

借助软文发布平台将软文发布到互联网上的优势是十分明显的，如图4-7所示。

```
软文发布平台的优势
├── 提升企业和产品的曝光度
├── 获得较好的排名，得到自然流量
├── 通过第三方引流，提高网站的权重
└── 能够被大型网站转载，再次扩大影响力
```

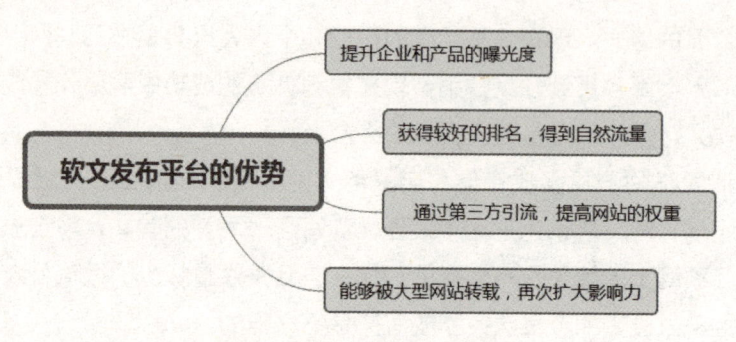

图4-7 软文发布平台的优势

（1）提高企业和产品的曝光度

在互联网上进行软文营销，尤其是通过花钱购买软文营销渠道，以我现在的公司为例，通常都是发布数百篇甚至上千篇。也就是说，与我们企业或者产品相关的软文信息，在互联网上就会有数百条甚至上千条，提高了我们企业和产品的曝光度。

（2）获得较好的排名，得到自然流量

所谓自然流量，就是用户通过搜索引擎进行查找，从而点击到我们所发布软文的平台，增加了阅读和浏览量。如果我们所投放的软文标题、原创程度、内容的质量以及平台的权重都足够高的话，那么我们所发布的软文就很容易在搜索引擎上获得排名，有了排名之后就产生了自然流量，而自然流量是完全免费的，相当于增加了一个绝对免费的渠道。

（3）通过第三方引流，提高网站的权重

要想不再通过借助第三方的软文发布平台，那么就得提升我们自己网站的排名，而网站的排名就取决于网站权重的高低。所以，如果条件允许，我们发布软文的第三方平台允许我们带外链，那么我们就一定要带上自己网址的外链，这种有利于提高网站权重的事一定不能放过。

（4）能够被大型网站转载，再次扩大影响力

新闻之所以能火，是因为被关注多达数千万粉丝的平台转载。而这些平台运营的编辑也并不是百分之百能够获得一手信息，他们同样也是在各大网站中进行搜寻。如果将我们的软文发布到能够引起各种大型网站的编辑所关注的平台，那么将会有机会被他们转载。到那时候，想不火都难。

2. 如何操作软文发布

软文发布的平台分为两种，一种是免费的，另一种是收费的。在硬性条件之下，收费的自然要比免费的好，当然凡事无绝对，只要我们擅于发现身边优秀的平台，免费的平台往往也能创造出高于收费平台的价值。

收费平台其实很简单，只需要我们将软文的标题及内容准备好，随后交于和我们对接的收费平台的销售人员即可，他们会将我们的软文进行发布，并且告诉我们收录与排名等基本情况。

免费平台效果参差不齐，而稍微有些效果的免费平台，审核要求也比较严格，需要按照平台的规矩进行发布。

无论是收费平台还是免费平台，我们都必须对软文的发布精心策划。在许多公司有策划总监和策划人员，主要职责就是针对软文进行策划，以及发布平台最后的发布效果的掌握。如果是收费的平台就必须找到相关的软文发布机构，如果是免费的，就必须招聘一些外推专员或者优化专员。

4.2.2 常用的软文发布平台

我们想要让自己的软文在互联网上能曝光，就必须掌握一些软文发布平台，当然就像前面提到的，这些平台有收费和免费之分。如图4-8所示，就是互联网上某家发布软文的公司，他们往往与多家大型收费平台进行合作，以赚取其中的差价来获利。如果你是一家公司的运营者，该公司又有足够的资金可以推动软文营销，那么可以借助收费的平台进行发布。同样，如果你只是一名软文爱好者，或者自媒体人，更多是想通过写软文来获利，而不是营销产品来获利，那么我建议你使用免费的软文发布平台。

图4-8 某家软文发布平台公司

1. 收费平台

收费平台也称为新闻源，这样的收费平台有很多，在这里并不能完全列举出来，如果批量购买，一般价格多在10~100元/篇，单独某一篇的价格可能会稍微偏高，具体价格以联系的发布软文的公司为准。当然如果你想要详细信息，可咨询具体平台。常见软文发布的收费平台如图4-9所示。

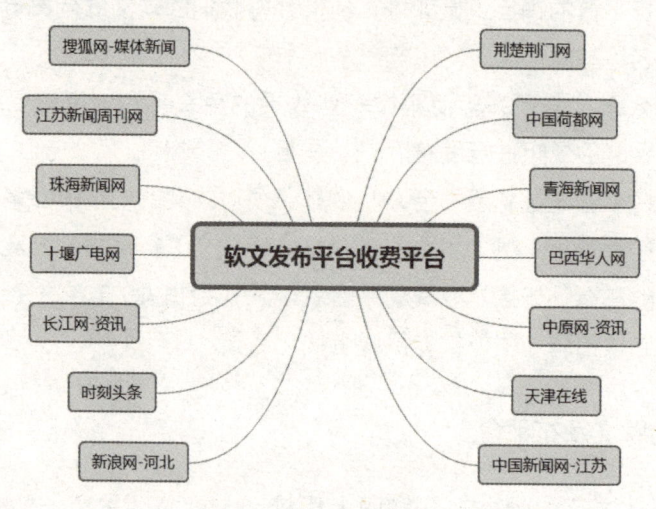

图4-9 软文发布收费平台

软文发布平台收费平台：搜狐网-媒体新闻、江苏新闻周刊网、珠海新闻网、十堰广电网、长江网-资讯、时刻头条、新浪网-河北、荆楚荆门网、中国荷都网、青海新闻网、巴西华人网、中原网-资讯、天津在线、中国新闻网-江苏

因为这些平台都归不同的网站主或公司管理，所以我们要想实现批量的软文发布，就需要找与他们合作的中介公司。但是在找这种类型的中介公司时，一定要注意必须选择得当。如图4-10所示为软文发布平台的四个盲区，希望各位企业管理者或运营者牢记。

图4-10 软文发布平台的四个盲区

软文发布平台的四个盲区：个人备案，无企业资质；虚假保证排名，只要你给钱；充值多少，返现多少；价格透明化，货比三家

（1）个人备案，无企业资质

新闻源是具有重要价值的平台，只要对接合适，就能从中赚取十分丰厚的利润。由于创建平台的门槛低，随便搭建一个软文发布平台的网站就可以开始经营。但是随之而来的也是巨大的安全隐患，很容易出现携款潜逃的现象。如果你

第4章
开始软文营销

找的仅仅只是一个个人代理，危险性是非常大的。

要想判断这个网站有没有备案，可以通过站长工具进行域名的查询。如图4-11所示是软文街的备案信息，备案显示为"上海亿哲网络科技有限公司"。要想知道该企业有没有一定的资质，则可以通过"企查查"进行查询。如图4-12所示是软文街运营公司的资质信息。通过这两种查询方法即可判断你所合作的软文发布平台是否可靠。

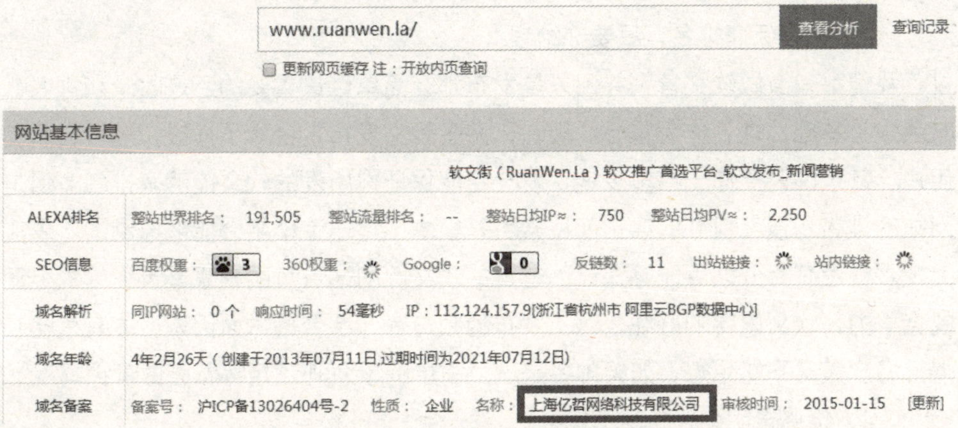

网站基本信息

软文街（RuanWen.La）软文推广首选平台_软文发布_新闻营销

ALEXA排名	整站世界排名：191,505　整站流量排名：--　整站日均IP≈：750　整站日均PV≈：2,250
SEO信息	百度权重：3　360权重：　Google：0　反链数：11　出站链接：　站内链接：
域名解析	同IP网站：0个　响应时间：54毫秒　IP：112.124.157.9[浙江省杭州市 阿里云BGP数据中心]
域名年龄	4年2月26天（创建于2013年07月11日,过期时间为2021年07月12日）
域名备案	备案号：沪ICP备13026404号-2　性质：企业　名称：**上海亿哲网络科技有限公司**　审核时间：2015-01-15　[更新]

图4-11　软文街的企业备案

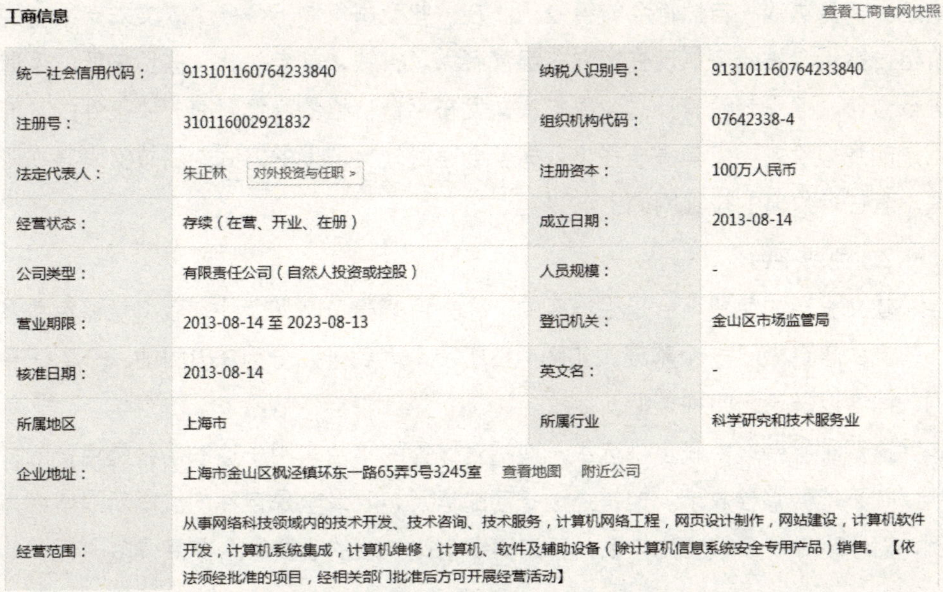

工商信息

统一社会信用代码：	913101160764233840	纳税人识别号：	913101160764233840
注册号：	310116002921832	组织机构代码：	07642338-4
法定代表人：	朱正林　对外投资与任职>	注册资本：	100万人民币
经营状态：	存续（在营、开业、在册）	成立日期：	2013-08-14
公司类型：	有限责任公司（自然人投资或控股）	人员规模：	-
营业期限：	2013-08-14 至 2023-08-13	登记机关：	金山区市场监管局
核准日期：	2013-08-14	英文名：	-
所属地区：	上海市	所属行业：	科学研究和技术服务业
企业地址：	上海市金山区枫泾镇环东一路65弄5号3245室　查看地图　附近公司		
经营范围：	从事网络科技领域内的技术开发、技术咨询、技术服务，计算机网络工程，网页设计制作，网站建设，计算机软件开发，计算机系统集成，计算机维修，计算机、软件及辅助设备（除计算机信息系统安全专用产品）销售。【依法须经批准的项目，经相关部门批准后方可开展经营活动】		

图4-12　软文街运营公司的工商信息

（2）充值多少，返现多少

如果遇到声称"充值多少，返现多少"的平台，那百分之百是会被骗的。曾经这样的软文平台非常火爆，让许多企业都深信不疑。为什么呢？因为企业管理者也会经常使用一些促销或者买多少送多少的方式来吸引客户。然而，软文发布平台使用"充值多少，返现多少"的计谋是一种纯骗钱的套路。因为一篇软文的利润仅在几块钱左右，加上人工成本、运营费用、时间成本等，都不可能是无条件付出的，这种平台往往会在两三个月之后就关闭网站。

（3）虚假保证排名，只要你给钱

我们都知道做软文营销并不只是发布那么简单，最重要的还是收录和排名，收录作为基础，排名作为重心。现在，许多软文发布平台为了挣钱，经常会欺骗用户。甚至说只要你充值多少钱，就一定能保证你所发的软文能够有排名。但是网站的排名是搜索引擎的事，而搜索引擎根本不是一个小平台能够控制的。事实上根本就没有百分之百能够保证上首页的软文。网站首页的权重最大，软文标题的竞争力，软文内容的好坏，以及发布的频道等，综合各方面因素，才有机会获得排名。大家不妨想想，如果排名是这么简单的事，那还用得着去做营销吗？

（4）价格透明化，货比三家

现在的软文发布平台，不比几年前了。正所谓第一个吃螃蟹的人知道螃蟹能吃之后，身边的人自然都会纷纷效仿。在一些竞争机制下，各个软文发布平台的价格自然也会被公开。现在有许多经营者为了省钱，就专门找一些价格低的渠道进行合作，但是都没有什么效果。软文发布平台价格的高低是有先决条件的，而不是胡乱报价的。尤其是一些小公司就会通过软文群发的方式，将软文发布在一些没有任何价值的垃圾网站上。

2. 免费平台

软文发布的免费平台是相当多的，除去百度旗下产品之外，我将能够免费发布软文的平台做了一个整理，如图4-13所示，大致可以分为B2B网站、分类信息网、博客以及论坛四种类型。

这四种平台之中我也挑选了一些相对优秀的平台，由于这些平台是免费的，所以并不能做到秒收录。但是经过长期的运营，收录也是自然的。以新浪博客为例，对于现在许多软文的排名，新浪博客也比一般的收费平台要好得多。

```
                    八方资源网
                    世界工厂网 ─ B2B网站                     列表网
                    勤加缘网                                 置顶吧 ─ 分类信息网
                                    软文发布平台免费平台      快点吧
                    新浪博客
                    网易博客 ─ 博客                          天涯论坛
                    凤凰博客                                 19楼论坛 ─ 论坛
                                                           西祠胡同
```

图4-13　软文发布平台免费平台

3. 自媒体平台

作为一个写了四年软文的自媒体人，怎么能忽略这么重要的软文发布平台呢？自媒体平台同样是免费的，效果也非常明显。但是要特别注意的是，自媒体平台审核十分严格，如果软文的广告性质非常强，那么是不会过审的。有些自媒体平台，如搜狐自媒体、今日头条等都是需要相关资料作为注册条件的，这些相关资料也就是你是否在网上有一定的影响力。一些知名的自媒体平台我都是有账号的，在有些平台我也是被邀请的专栏作家。如图4-14所示为目前我加入的一些自媒体平台。

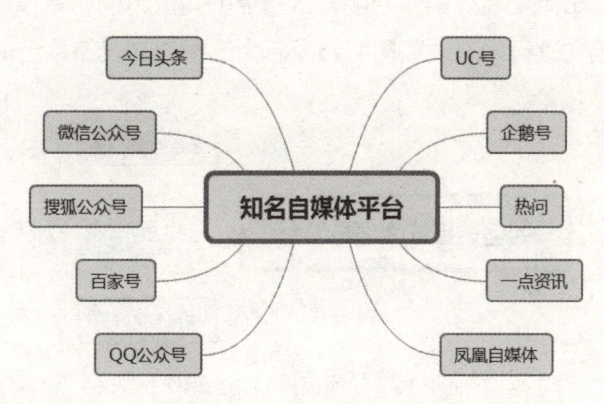

```
              今日头条              UC号
              微信公众号            企鹅号
              搜狐公众号 ─ 知名自媒体平台 ─ 热问
              百家号                一点资讯
              QQ公众号              凤凰自媒体
```

图4-14　知名自媒体平台

4.2.3　如何选择合适的软文发布平台

软文发布平台犹如一个庞大的数据库，里面存在着有好有次的数据。现实生活中，许多经营者从事传统行业，不懂网络营销，更加不懂软文营销。他们只是听说许多人通过互联网获得了丰厚的利润，于是纷纷寄希望于互联网，希望通过互联网营销的方式使自己的企业更上一层楼。但是花费了几十万甚至上百万的软文营销费用，最后却收效甚微。

软文营销确实能让企业获利，但是为什么这些经营者却亏钱了呢？这证明在软文营销的某个环节出了问题。究其原因，最大的问题就是企业所选择的软文发布平台有问题，也就是发错了网站。虽然在网络上发布软文是一件极其简单的事，但是一定要区分好与坏。网上有很多知名网站，但是垃圾网站更多。那么，需要将软文发布到哪些平台才能有效呢？

根据网站的知名度，可以将网站分为三种，第一种是大型的门户网站，也就是首先占据互联网领导地位的巨头，比如知名的四大门户网站：搜狐、腾讯、网易和新浪；第二种是一些看到了互联网发展，但是没有抢到第一批信息的人，他们发现做地方性网站也是一个很好的方向，如深圳新闻网、武汉新闻网、北京新闻网等；第三种是个人站点，比如以小说站闻名的文学网站，但是这种网站并不值得推荐，因为太杂乱不堪。当然，第三种站点也包含企业官网、企业论坛，以及运营的新媒体平台。

我们在选择合适的软文发布平台时，一定要优先考虑这三种。但是如何去粗取精，再次提炼出更加有效的平台呢？以企业的角度为例，更多自然是通过收费平台将自己的软文进行发布。如图4-15所示为选择软文发布平台的三个要点。

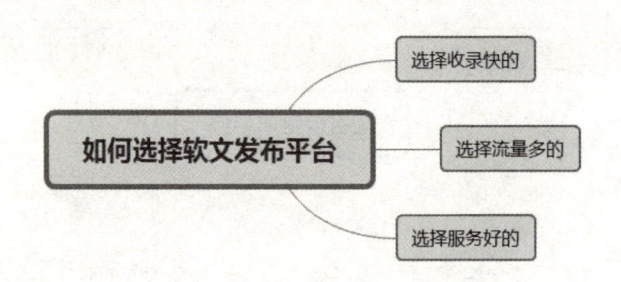

图4-15 如何选择软文发布平台

1. 选择收录快的

你可能会问，为什么不是选择排名好的？之所以选择收录快的，是因为有了收录才有排名。像百度百家平台（非百家号），基本可以做到秒收秒排。早上八点发布的，九点就能排到首页。如果你选择排名好的，那么是否收录、何时收录均无法确定。因此，在选择平台时，应该优先考虑收录快的，避免已发软文长时间未收录，而对企业造成巨大损失的情况发生。

2．选择流量多的

人们都觉得四大门户网站流量多，对这个无可否认，然而它们流量多，但是栏目也多。这么多栏目，只有一个是你所发布的栏目，那有多少流量进入你的栏目呢？这个大家都不知道。所以门户网站流量多，并不一定适合你。相反，有一些针对性软文的发布平台，比如医疗的寻医问药、39健康等，都是具有针对性的，浏览这些网站的都是针对性的用户，而且流量都非常高。所以除了新闻类，这种行业性的软文，更多都不会选择四大门户网站进行发布。

3．选择服务好的

软文发布后，有可能出现一些问题，比如文章被删除、未及时被收录等。此时平台是否能及时、合理地解决问题，是我们必须关注的。互联网上存在一些不够正规的软文发布平台，不能提供合理的服务，我们必须认真甄别，以免我们创作的软文白白浪费。最好选择知名度较高的软文发布平台，将更多精力放在软文创作上。

4.2.4 六点注意，成为真正的软文发布专家

如果你现在对于软文营销的思维，依然停留在将文章发布在网上就能吸引客户，那说明你还只是刚刚入门，要不断地成长。在软文发布时会遇到许多问题，比如为何审核不通过，如何提高审核的通过率，审核通过后为何不收录，何时发布会更容易被推荐等。

接下来我们针对以上问题做出解答。如图4-16所示为软文发布中的六点注意事项。这六点分别从软文的内容和软文的发布展开。

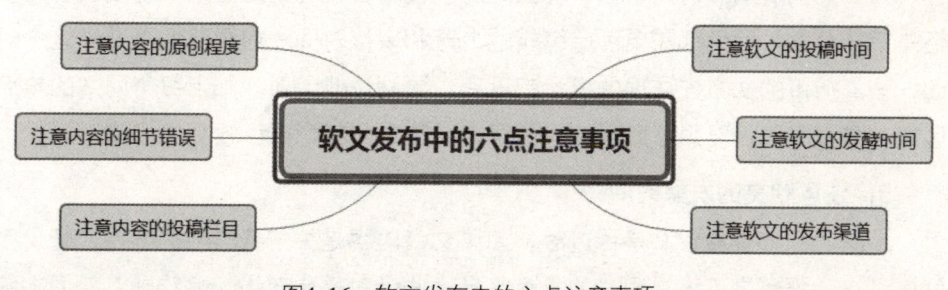

图4-16 软文发布中的六点注意事项

1. 注意内容的原创程度

之所以教大家写软文，重点就在这里。教大家如何写，而不是教大家复制粘贴。软文必须要原创，曾几何时复制粘贴成就了不少人，通过随意修改几个文字的伪原创就能引人注目，但是现在的搜索引擎已经开始封杀非原创的软文了。因此原创才是软文营销的首要之处。

而且如果我们去投稿，对方的编辑也是有资源库的。如果随意在互联网上一搜，发现是在其他平台发布过的软文，是不会通过的。

2. 注意内容的细节错误

什么叫内容的细节错误？比如，你写了一篇非常优秀的软文，差不多有上千字，但是文中错别字多达数十个，这是万万不可的。而且在软文的语言组织、段落分明、语句通顺等细节上，也需要格外留心，否则会因为错别字、段落不明等低级问题无法通过平台审稿编辑的审核。

3. 注意内容的投稿栏目

这一点更多的是用在自己投稿时，有些平台是自己发布的，而这些平台都有对应的栏目。例如，软文内容是关于饮食健康的，却将其投到了理财专栏，你觉得能通过审核吗？我们在投稿时，一定要选择与自己内容对应的栏目进行投稿，以确保万无一失。

4. 注意软文的投稿时间

如果是不需要审核的平台，根据我的经验，最好是在早上8~9点、下午1~2点以及晚上的8点以后发布，这是收录比较快的最佳时间段。（此处为作者做免费自媒体平台时的经验，仅供参考。）

如果我们的稿件需要审核，什么时间投稿最合适呢？无论是从网站收录角度还是审核角度，我们都需要考虑编辑的上班和审核时间。如果我们不遵循这个时间，一篇待审的文章连展现的机会都没有，更别说收录了。加上每个网站的热点区域都是有限的，要想争取到这些位置，一定要牢牢把握住软文的投稿时间。

5. 注意软文的发酵时间

发酵时间就是看软文是否过时，如果文章内容是关于几年前的事件，毫无新鲜感可言，那也是不容易通过的。尤其是一些针对性比较强，喜欢热点新闻的编辑，他们往往会格外青睐有时效性的软文。而且如果你所写的软文是正在发生或者即将发生的事，那就不再只是一篇简简单单的软文，而有可能是能为他的网站带来巨大流量的软文，是有很大区别的。

搜索引擎也不例外，搜索引擎更喜欢当下发生的事，会给予极高的排名。如果将此类软文第一时间发布在一些知名度较高的平台，而引起了反应，那么许多大型网站也会纷纷转载，这对于你和你所发布的平台来说，就是典型的双赢。

6. 注意软文的发布渠道

我们可以根据不同的需求去选择合适的发布渠道。如果只是为了在互联网上增加一点曝光度，那么选择一些地方性新闻网和一些免费平台，以及自有平台即可。如果想要引起热点，打造强烈的宣传力度，则最好发布在特定的渠道，如微博大V、微信公众平台、四大门户网站的首页头条等。

4.3 软文营销重在营销

正所谓为了什么服务，什么才是重点。我们工作是为了营利，那么营利的多少就成了重点。同样，我们学习软文营销，营销效果好与坏就成了重点。

在社会上有各种不同的人，以软文营销为例，有的人擅长写文章，但是不会营销，注定不能引起关注并且成功；有的人精通各种营销方法，但是写不出高水平的文章，也无法成功。当然也有既会写文章又会做营销的人，许多知名的自媒体人就是最好的例子。可是从以上对比来看，其实会做营销的人，还是比会写文章的人更容易成功。由此可见，我们在学好怎么写好软文之后，如何营销就成了我们学习的重中之重。

4.3.1 制订软文的营销计划

一次真正成功的软文营销，不可能是由一个人完成的。如果能够一个人完成，那么公司聘请软文写手、外推专员、优化、营销总监等不同的岗位人员就变成了给自己增添经济负担。所以不要妄自尊大，哪怕自己是一个做得不错的自媒体人，但那也只是在某个小圈子里。

在互联网上依靠软文营销获得成功的企业数不胜数，这些企业之所以能够成功，绝对不是没有计划的。那么，我们的企业想要在软文营销上取得成功，又该制订哪些可行的计划呢？我们可以通过如图4-17所示的方法来制订软文营销计划。

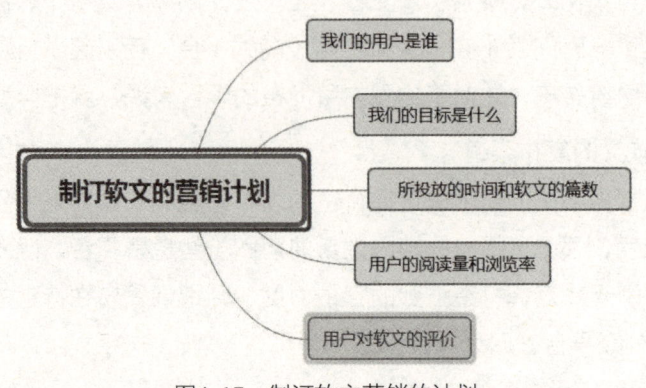

图4-17 制订软文营销的计划

1．我们的用户是谁

为了使我们的软文更有营销的效果，在撰写软文之前，我们必须确定好目标用户。也就是说我们的软文是写给哪些人看的。例如，我们写一篇关于瘦身的软文，那么我们的用户对象主要就是20～30岁的年轻人，尤其是年轻的女性。她们更注重身材的保养，希望以最美丽的一面示人。只要我们搞清楚这一点，那么我们软文营销的方向就十分明确了。

2．我们的目标是什么

所谓目标，指的就是软文在推广到互联网之后，需要取得多少阅读量，多少转发量，多少客户进行消费，以及多少用户有可能转化为客户。但是在许多公司，这一点表现得并不明确，他们往往就是单纯地将软文投放在某个平台，而不关注后续发展。这样毫无目标的软文营销，往往是最致命的。

3．所投放的时间和软文的篇数

这个就非常明确了，比如投放时间从10月1日到10月15日，投放的篇数以100篇/天为准。投放时间和篇数不是随意制订的，主要是根据产品的上线时间，或者举行优惠活动，以软文营销的模式扩大影响力。

4．用户的阅读量和浏览率

用户的阅读量和浏览率与我们的目标是什么略有不同，此处更多地体现在流量的数据。例如有些网站的后台会统计相应的数据，如展现次数、点击次数、阅读次数及阅读的完整度。这些信息都会通过后台的数据反馈，一一展现在我们面前，以方便我们进行准确的数据分析。

5．用户对软文的评价

如果网站开启了评论功能，那么一定要在软文中或多或少地引导用户对软文进行评价。例如，个别公司或个人通过刷单或刷评价，为个别淘宝商家服务，从中获取高额回报。为什么会有这种行为存在呢？因为顾客选择商品时会关注销量和商品评价，使个别商家为提高自己的销量而弄虚作假。因此一定要牢记用户对我们软文的评价如何，以便我们做出相应的改进。

4.3.2 如何在软文中插入广告

软文中最核心的地方是什么？就是广告。一个真正的软文高手，是可以将广告悄无声息地插入到软文中去，并且激起用户消费欲望的。但是如果我们的能力不够高，就会将软文里的广告暴露无遗。而这种一眼就能识别的广告，是用户最反感的。那么，我们该如何将广告悄无声息地插入到软文当中去呢？

在软文中插入广告，我经常会用到以下五种方法。

1．网址法

所谓网址法又有两种方法。一种是以SEO为基础的外链引流超链接，简单来说就是我们投放软文广告的第三方网站，允许我们使用超链接的形式放置网址，并且用户可以直接通过网址访问我们的目标网站，形成引流。

另外一种是变通，因为现在许多网站都禁止携带超链接的网址，因为这样会导致其网站分流，而使得权重降低。但是网址通常都是以字母的形式展现的，所以我们可以将网址中的www去掉，甚至将.com中的"."也去掉，这样也可引导用户直接访问。

2．角度法

通常我们在写软文时，往往会插入一些自己的观念。比如"我认为软文营销这样做才更加有效"，但是我们可以换个角度，将"我"改成我们所要推广的词汇。比如"实名倪涛认为软文营销这样做才更加有效"，那么当用户阅读到此处时，如果对"实名倪涛"这个词带有疑问，自然会在网上搜索，这样就能为我带来一定的流量。

而且这种方法，由于用户在阅读软文时并不能肯定作者是否在做广告，从而打消了其对软文存在广告的戒心。

3. 关键词法

这里的关键词指使用品牌词进行推广，可以创造一个全新的品牌词。例如，"微软盟"的意思是将软文进一步微小化，从而创建的一个联盟。当我们在写软文时，就可以时不时地将"微软盟"这个关键词插入软文当中。尤其是运用公众号时，也可以通过这样的方式，在标题中加以展现，以此来提高曝光度。

4. 版权法

相信这种方法大家见得比较多，我们经常会在某些网站上看到内容标记有"版权所有，违者必究""本文最终解释权归某某所有""本文中涉及的图片均为某某原创，盗用者将追究法律责任"等。这种方法更多是在软文中不加广告，而只是在文章的末尾做一个声明，而这个声明就是最好的广告。

5. 案例法

相信大家都喜欢看案例，无论你是学习者还是购物者。给出一个案例，那么就能降低用户心中的疑虑，而这个案例，更多地取自于自己的产品或者自己的品牌。当然在写这种软文的时候，应注意避免显示出自己与营销目标的利益关联性，否则得不到理想的效果。

4.3.3 软文中的痛点营销法

在我写的众多有关创业励志的文章中，经常使用的一个手法就是抓痛点。现在许多文章也同样使用此种手法，因为有痛点才会有看点。我将此种类型的痛点，总结为"说实话"。当然，软文中的痛点往往是要让用户产生消费的心理。

1. 理解软文中的痛点营销

软文营销中的痛点与其他文章的痛点不同，我们在这里要注意区分开。软文营销中的痛点，通常是指用户在使用产品的过程中，原本对产品抱有的期望过高，最后因为产品的原因而没有得到满足，造成了心中的痛。

在软文营销当中，企业可以通过巧妙的构思，让用户觉得如果不购买就会是一种遗憾。如果能够使用户有这样的心理，那痛点营销就成功了。

2. 如何寻找用户的痛点

想要真正地将痛点营销执行下去，我们必须首先要找到用户的痛点，以痛点为软文的切入点，进行软文的创作。

要想找到用户的痛点，其实就要看用户关心什么。其一，用户关心的是产品本身；其二，就是用户本身。所谓产品本身，就是用户会对你的产品和别家的产品进行一个有效对比，以此来确定哪个更好。这需要软文写手对自身的产品和对手的产品有十分详细的了解，从中找到用户的痛点；所谓用户本身，是指用户在决定购买之前会考虑两点，第一是这款产品是否有用，第二是这款产品自己是否买得起。要想实现痛点营销，考虑用户切身实际的情况是至关重要的。

3. 案例："网红"餐厅的救赎

在了解了什么是痛点营销，以及如何寻找痛点之后，我们就必须开始进行痛点营销了。在现实生活中，利用痛点营销成功的公司也不在少数。尤其是以现在流行的"网红"餐厅为主，虽然最后口碑都不怎么样，但是为什么依旧能火呢？这其中的道理，正是抓住了用户的痛点，随后进行宣传。

案例 4-4

在很长一段时间里，微信朋友圈和微博上经常看到这样一群人，他们以购买到网红餐厅的食物为荣，以此作为他们炫耀的资本。其实这种荣誉感并不是食物有多好吃，而是因为非常难得。正所谓越不容易得到的东西，就越会珍惜。这种心理使越来越多的人宁可排几个小时队，也要买到所谓的"网红"产品，如图4-18所示。

图4-18 某"网红"餐厅排队现象

之所以这些餐厅能够如此火爆，正是因为抓住了用户的痛点。用户想要购买商品，本应该受到商家的热烈欢迎，然而这些所谓的网红餐厅却使用了另外一套计策。就是通过雇人排队，造成一种"门庭若市"和"一票难求"的假象。排队本是一件辛苦的事，也可以算得上是用户心中的痛。但是恰恰因为这种痛，成就了线下的网红餐厅。

企业如果能够准确地抓住这些痛点，就能成功地将产品营销出去，以此来提升自己的业绩和形象。当然我们更应该以用户切身需求的痛点进行营销，而不是仅抓住好奇的痛点。随着这种操纵手法的陆续曝光，"网红"餐厅逐渐在用户心中失去了原有的价值。

4.3.4 软文中的赞美营销法

赞美营销法分为两种，一种是通过文章末尾的点赞方式来获得赞美，另外一种则是通过文章的包装进行一种自夸的赞美。

点赞一词最早出现在一些小段子里，因为不需要加以评论，只想得到一个赞就可以，以此为营销模型的概念在网络上开始广为流传。点赞就代表给予一定的支持，现在许多软文平台都会加上这样的功能，点赞的数量越多，代表支持的人也就越多。甚至有些平台会通过代码的设计，将一些常规文章点赞的数量，推荐到网站的首页等曝光度更高的地方。这种模式虽然很常见，但是比较单一，操作起来也比较简单，这里不做重点介绍。

自夸的形式，应用比较广泛。自夸可以随时植入到软文当中去，只要我们把握得体，有理有据即可。自夸的模式往往能够无形地将企业或个人品牌推上一个全新的高度。

如图4-19所示，赞美营销法主要可以通过这四点进行操作。

图4-19 赞美营销法

1. 发现新闻，称赞自己

为什么有的运营者能通过软文为企业带来不小的利润，有的却做不到呢？重点就在于有没有发现一手新闻。软文作者必须时刻掌握网络的动态，尽量在自己的行业领域取得一定的成绩。并且只要发现能够结合自身的企业，对企业有利的消息，都可以很好地将其结合在一起。例如，杜蕾斯经常就以某事件作为营销的切入口，创造出成功的热点。

2. 公益支持，无形自夸

一些电视节目，尤其是娱乐性节目，通常我们都会听到主持人说"本栏目由某某品牌赞助播出"，而这就是一种典型的通过支持公益自夸的形式。尤其是一些公益广告，以公益的形象示人，更能体现一家企业的修养和品德，暗示企业永远不会忘记"取之于民，用之于民"的道理，自然更能深入人心。

3. 争议话题，站在正方

我们要注意，如果出现了颇具争议的话题，我们一定要站在正方，尤其是涉及道德底线的时候。

案例 4-5

以某电视频道播出的寻亲节目为例，故事讲述的是一个女孩在20年前，因为家里穷，而且父母有严重的重男轻女思想，将她丢弃在遥远的一户人家。由于这个家庭也十分贫穷，所以并未再生养孩子，将她视如己出。这个小女孩也十分努力，自己刻苦学习终于考上了名牌大学，并且在毕业之后找到了理想的工作。可是就在她将要尽到赡养养父母责任的时候，她的亲生父母找上门来，并且通过电视台希望能够认回这个女孩。

女孩从小就知道这件事，这也一直是她心中的痛。好在养父母都对她很好，才让她慢慢淡忘了这件事，有了新的生活。就在是否应该回到亲生父母身边这个问题上，产生了争议。女孩的养父母是典型的老实人，自己也拿不定主意，只是告诉那个女孩，一切听你的。女孩十分犹豫，而且心里也接受不了这对所谓的亲生父母。但是主持人一再逼迫这个女孩，希望看在是亲生父母的面上赡养这两位老人。于是争议开始越来越大，在网上也持续发酵。绝大多数的网民认为女孩的父母"有生无养"，这样的父母认了有何用，更是指责主持人道德绑架。只有少数网民提出以每个月支付一定的赡养费尽孝，但拒绝相认。支持该主持人做法的网民微乎其微。

如果要我们根据此案例来写软文，应该从哪个角度来构思呢？如果是我的话，我更倾向于拒绝道德绑架。如果要站在做人的角度，给予一定的金钱赡养也是应该的。但是核心却不能偏移，那就是拒绝相认，千万不要被道德绑架。后来针对这个事件我写了一篇名为《生我不养我，何以让我为你颐养天年》的文章，也在网上引起了不小的轰动。

4．名人效应，借势营销

所谓名人效应，是指企业通过聘请明星来为自己的产品代言，以此提高自己的知名度，这种营销方法从硬广中就可以看到其重要性。因为现在人们的消费水平越来越高，很多消费者不会因为价格的问题而放弃购买，相比之下，有明星代言的产品更容易赢得用户青睐。

名人效应是最直接的赞美方式，因为明星往往都聚集了大批量的粉丝。而这些粉丝对明星所说的话、所使用的产品往往深信不疑。更有甚者，许多淘宝店铺会以"明星同款"为噱头来包装产品进行销售。

如果我们的企业无法请到重量级的明星，也可以通过一些名人进行推荐，如同行里有名气的老板或者企业家，这也是一种强化宣传效果的方式。假如你从事教育培训行业，正好又认识俞敏洪老师，那么可以借助他的力量进行宣传。同样的道理，每个行业、每个圈子都会有相应的名人，借助他们的力量往往能得到更好的营销效果。

4.3.5 软文营销常见问题解答

我在多年的软文营销经历中，写过的软文涉及各个领域，如电商、医疗、教育、金融等。通过对各个行业用户的了解，在软文营销的案例中总结出了一些常见的问题，对这些常见问题的解答，可以帮助我们更好地进行软文营销。

1．软文和软文营销的区别

现在许多软文作者都会将软文和软文营销的概念弄混。通常他们会习惯性地认为，软文和软文营销是一个概念。其实这样的误解很容易造成问题的出现，一些企业随意发布了一些文章之后，就觉得已经做好了软文营销；也有的企业因为没有合适的软文写手，虽然做足了推广但是依然没有任何效果。往往出现这些问题时，他们就会觉得软文营销是没有用的。

但其实软文只是一篇文章，是软文营销的载体，而软文营销是通过对软文的推广，使用户产生消费的措施。两者的概念是不一样的，但却是紧密相关的。没有软文就没有软文营销，有了软文没有营销也称不上软文营销。软文需要结合营销的方向进行撰写，而营销也需要借助软文展开，这两者相辅相成，缺一不可。

2．原创写手太少

因为软文的流通性与公开性，造成了越来越多的同质化软文的出现。许多软文只是通过修改标题或涉及的广告对象，被反复推广。因为软文的推广费用低，门槛也不高，导致了市面上出现了越来越多的伪写手。他们通过对一些热门软文的改写，就形成了自己的文章，但是明眼人一眼就能看出。

案例 4-6

如图4-20所示为通过百度搜索"软文怎么写"，除去百度竞价推广位之外，排在前三的文章。但是点击之后发现，文章的内容大同小异，没有太多的创意，只是发布的模式不同。

图4-20　软文同质化现象严重

原创写手太少，越来越多的公司不惜花高价聘请创意文案，以此来提升自己公司在互联网上的竞争力。

3. 推广平台过于单一

现在绝大多数的企业为了快速谋利，都将重心放在了竞价推广上，但是竞价的费用让许多企业望而却步。也有许多企业将大量的资金放在竞价上，最后由于竞价费用接不上而导致公司倒闭。

现在各种新型的媒体正在不断产生，我们不能再以传统的推广平台进行软文推广，而是要开发出一些全新的平台，比如近几年十分红火的新媒体、微信营销等，均是创新型平台。因此，在软文营销过程中，我们不仅要摒弃软文的同质化，更要去除推广平台的同质化。

4. 软文营销缺乏系统性

许多公司在写软文时都比较随意，尤其是管理者说什么便做什么，没有主动性，更没有系统性。而软文营销是一种长期而且持久的营销，并不能单纯依靠某一篇文章就能成功。软文营销是讲究策略的，通常第一步是引起用户的关注，第二步是让用户产生兴趣并且进一步了解，第三步则是在了解的基础上促进信任，以此来达成销售。

案例 4-7

假如我们公司新研发了一种产品，一般的软文写手只会从产品着手，展开软文的撰写，如《某某公司新品上市，购就返》。但如果是优质的软文写手，则会从其他方面进行撰写，如《某某产品将会成为本年度最畅销的产品》，更可以从用户的角度进行撰写，如《某某产品深受广大用户喜爱，成为年轻人的新宠》。一般的软文写手，无法创造价值，而优质的软文写手，却能从多个角度去考虑，以此来提升公司的发展空间。

5. 软文推广之后便终止

许多企业对一篇软文的应用，基本上在软文发布到互联网上的时候就终止了，但是这并不能将软文的功能发挥到最大化。软文在付费平台发布之后，往往可以再次利用，可以将其发布在一些免费的平台，如博客、论坛、贴吧等，甚至可以通过百度照片、百度知道、百度文库等方式来进一步利用软文提升企业的形象。

4.3.6 软文营销的风险性

可能你会好奇,做软文营销还能有风险吗?答案是肯定的,做任何事都是有风险的,软文营销也不例外。软文营销的风险一般分为三种,一种是行为上的风险,一种是道德上的风险,第三种是法律上的风险,如图4-21所示。

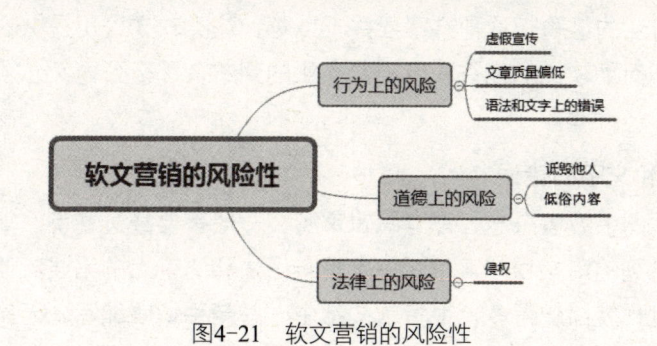

图4-21 软文营销的风险性

所谓行为上的风险是指在写作或推广的过程中,因为软文的虚假宣传、文章质量偏低、软文写作时出现语法错误等造成的风险。

道德上的风险主要体现在软文营销是否泄露个人隐私,以及撰写一些有关有争议话题软文时道德底线的把握。

法律上的风险基本上可以定性为侵权,现在许多软文包括一些图片、视频等,一般都会进行相应的版权保护。我们在未知的情况下使用了,一旦引起巨大的反响,就会惹上官司。

1. 虚假宣传

前文我们谈到过包装,在合适范围内的包装,可以引起用户的好感。但是一旦包装过度,就会形成虚假宣传,这在一定程度上会给企业带来不必要的损失,甚至是法律责任。

专业的软文写手是比较容易把握好这个尺度的,那么当我们并不是一个专业的软文写手时,又该从哪几个方面着手避免虚假宣传呢?首先,我们要非常清楚我们的产品组成、功效,以及我们能提供的服务;其次,我们要了解一些推广上的词汇,以免碰触相应的法律法规。

2. 文章质量偏低

为什么说文章的质量偏低也会有风险呢?因为这种文章的投放对企业来说,会浪费时间,也会浪费金钱,对企业的未来更存在巨大的风险。

要想很好地规避这种风险，就得从根源上入手。第一，不要将软文写作这种重要的工作交给新手，现在许多公司都会招聘一些新手编辑，让他们来进行软文的撰写，这并不可取。第二，最好请一些有多年自媒体经验的软文写手，并且让他们在担任写手之余，将自己的经验传授给新手，当然这中间涉及的学习力和传授程度就取决于双方了。第三，就是外包给职业软文公司，但凭借个人多年深入软文撰写行业的经验，这种方案我并不推荐，这类软文公司提供的软文并不一定非常优秀，而且软文的优秀程度需要专业的判断，那么公司又必须有一个这样的人。

3．语法和文字的错误

线下出版图书或者杂志，都有编辑审稿，一般都要经过初审、复审和终审，经过这样一系列的审核程序，可以有效规避语法和文字上的错误。但是在互联网上发布软文过程就简化得多，很多软文都由一些新手编辑编写，无论是否存在语法和文字错误，都会发布在互联网上。

软文在撰写时通常都会出现以下几种错误：第一种是标点符号错误，不是专业人士，此类错误在所难免；第二种是数字错误，在互联网上偶尔也会发生因为一个数字失误而造成企业的巨大损失；第三种则是文字错误，这种错误一般是由写手文字输入速度过快造成的，一般性文字错误还可以理解，但是如果出现人名、地名及公司名称等错误，那很有可能造成一些不必要的麻烦。

4．诋毁他人

这种营销手段多见于恶性竞争。在互联网上经常会出现一些负面信息，例如，某某公司的客服态度差、某某公司销售虚假产品，但是实际上这些情况是不存在的，这就属于诋毁他人。互联网上也出现了许多解决负面信息的公关公司，而这些负面信息中有些可能是用户曝光的真相，有些则是竞争对手造成的。

5．低俗内容

低俗内容一直以来在互联网上都是一种最有效的引流手段，但是难以被大众认同，也与我国的社会主义核心价值观和主流道德观相悖。有的是无意为之，有的却是故意为之，后者就是典型的道德沦丧，甚至可能涉嫌触碰法律。

6．侵权

互联网不是法外之地，现实生活中的侵权行为，在互联网上同样会构成侵权，我国的《侵权责任法》对此有明确规定。网络上的侵权一般容易涉及的有人格权、著作权、网络传播权等，其中以侵犯著作权和网络传播权最为普遍。

案例 4-8

2011年，韩寒发现多个网友未经其许可，将其代表作《像少年啦飞驰》上传至百度文库，供用户免费在线浏览和下载。韩寒就此声讨百度公司，该公司承诺通过反盗版系统等方式清理盗版作品。但是，韩寒此后发现，百度文库中仍有该作品。韩寒向法院起诉，请求判令百度公司停止侵权、采取有效措施制止侵权、关闭百度文库、赔礼道歉、赔偿经济损失25.4万元。

北京市海淀区法院认为，韩寒对该代表作享有包括信息网络传播权在内的著作权。百度公司作为信息存储空间，为未经许可的传播行为提供了帮助，对韩寒对该书享有的信息网络传播权造成损害。尽管百度文库启用了反盗版系统，但未积极采取其能力范围内的措施使该系统对涉案侵权文档发挥作用，故认定百度公司未尽"合理注意义务"，最终判决被告百度公司赔偿原告韩寒经济损失39800元及合理开支4000元。

韩寒的文章被侵权只是互联网中的一个很小的例子。在互联网上存在着这样两种人，一种是不知道侵权为何物而肆意使用他人原创作品的人；另外一种则是不知道怎么维权的人。

4.4 软文营销实战案例

在前面的章节中已经为大家整理了一些针对性的案例，但是并没有系统化的方案，在本小节中，将通过一些实战性的案例，为大家详细解读软文营销的整个过程。

4.4.1 为什么用户要购买你的产品

首先我们将自己想象成用户，想一想是什么原因让我们产生了购物的需求，进而使这个需求引导我们做出相应的购买行为。也就是说，当我们想要得到某样产品的需求达到饱和时，我们心中购物的欲望就会产生，而购物的欲望最终会促使我们产生消费。

生活中存在许多产品，但只有当用户对产品产生欲望的时候才会想要购买。欲望可以分为两种，一种是需要与不需要；另一种则是如果需要，那么是现在需要还是以后需要，如图4-22所示。其实准确来说，没有哪一款产品是用户绝对不需要的，如果产品是不被用户需要的，那也就不会生产了。用户之所以不需要，可能是由于金钱、家庭、取舍等。此处我们不针对用户不需要的内容过多介绍。

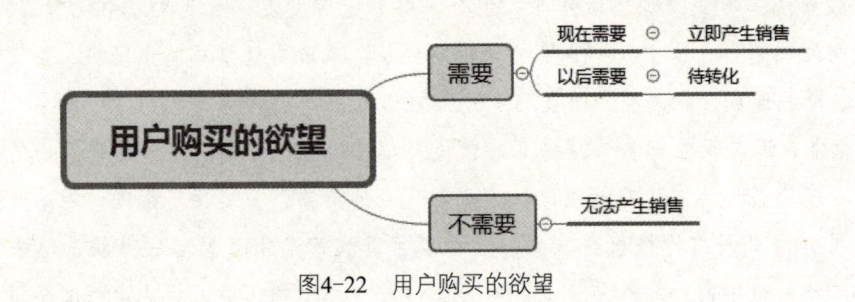

```
                        ┌─ 现在需要 ── 立即产生销售
              ┌─ 需要 ──┤
用户购买的欲望 ┤        └─ 以后需要 ── 待转化
              │
              └─ 不需要 ─── 无法产生销售
```

图4-22　用户购买的欲望

案例 4-9

许多产品之所以被生产出来，是因为最初的创新，之后就是不断地优化。以各种版本的手机为例，每年都在更新手机的型号，而这些手机为什么在更新之后依然销售火爆呢？是因为用户有需求。例如，最开始的手机以按键为主，后来生产出翻盖与滑盖手机，再后来出现了触屏手机，这些不同类型的手机，都是随着用户不断变化的需求产生的。计算机逐渐由大头机演变成液晶显示屏也是同样的道理。因为满足了用户的需求，所以才使用户有了购买的欲望。

再以生活中的"剁手一族"为例，新产品问世或者销售打折，便会刺激一些人的购物欲望，这种欲望会使人心情变得烦躁不堪，而解决这种问题最直接的办法就是将产品购买下来。然而当人们购买之后才会发现，这种欲望满足了，但是钱却没了。只是下次活动出现时，又会重复同样的行为，而这也是商家研究人性而产生的促销模式。

如果在销售产品的过程中不能激发用户购买的欲望，那便很难将产品销售出去。

4.4.2 怎么才能让用户消费

在4.4.1中，我们已经清楚地了解了用户产生购买行为的原因，主要来自心中对产品的需求，从而产生了需要的欲望。但是我们有没有发现，为什么是先有产品后才有用户需求，而不是先有需求再有产品呢？

曾经有一位经商多年的企业家说过：这个社会存在着创造者，创造者会创造出许多事物。但是他们也不清楚这些事物是否被用户所需要，而恰好很多用户也不知道自己需要什么，只不过在这种事物被创造出来之后，用户觉得它是有必要的，就产生了购买行为。最后再由用户反馈使用产品的情况，加以改进。

那么用户是不是真的不知道自己想要什么东西呢？其实用户并不是不知道，而是用户不想回答，或者说用户不想思考。用户其实是一直需要许多东西的，但是因为他们最终只是消费者，而不是创造者，所以根本就不会考虑这些问题。

用户的消费行为有两种，一种是需求消费，一种是情感消费。需求消费也就是我们所说的刚需、必需品，如生活用品等。而情感消费更多是在满足了需求消费之后，才会有的消费行为。

以部分年轻女性购物为例，她们所购买的大部分产品不属于需求消费，因为不是必需品。她们的消费更多是情感消费，也就是说因为喜欢才消费，因为有好感才消费，甚至是因为想要支持自己喜欢的明星而消费。

案例4-10

我们接着以手机为例，大家可以问一下自己，手机是必需品吗？答案是肯定的。手机为什么要不断地更新换代呢？而且消费者依然会买单呢？此处出现了两种情况，一种是用户越来越不满足于当前手机的配置，有更新换代的需求。另一种是用户对手机所创造的营销概念的认可，在这个创新的年代，如果你的产品无法从技术上创新，那么就要从情感上创新。

我们看这两款手机。OPPO手机的广告语是"充电五分钟，通话两小时"。以产品为切入口，引起用户的注意。而锤子科技的罗永浩并没有向产品方向进行营销，因为他很清楚自己的手机配置，绝对比不上其他高档手机的配置，于是更倾向于情感营销，广告语是这样写的，"以傲慢与偏执，回敬傲慢与偏见"。这样的词汇正符合当前年轻人的心态。

想要引导用户消费其实很简单，当用户饿的时候提供饭吃、冷的时候提供衣穿就行了。这些都属于需求消费，因为有了需求所以产生消费。而且需求消费是很容易找到的，需要什么便提供什么，就是满足了需求消费。

现在的许多企业已经发展到了瓶颈期，它们以往依靠一些用户对必需品产生的需求消费而生存。那么这些企业要想寻求突破，就需要突破用户的情感消费。

案例4-11

情感消费是指满足了需求之后的消费行为。以口香糖为例，我们都知道口香糖的最初的消费观念是"清新口气"，这在绿箭口香糖（图4-23）诞生的时候使用户得到了需求上的满足。但是慢慢各种品牌的口香糖诞生，绿箭就没有了太多创新上的优势。正在这个时候，另外一款口香糖以情感消费的模式杀出了重围，这就是炫迈。如图4-24所示，它以独特的角度，成为用户的新宠。

图4-23　绿箭口香糖广告　　　　图4-24　炫迈口香糖广告

要想成功地创造出情感消费，最重要的是找到用户除了需求消费之外的切入点。

4.4.3　真正的用户需求，你找对了吗

我曾经在创业遇到困难的时候，悟出了一个道理，那就是"当我快要饿死的时候，我想要的是能填饱肚子的馒头，而不是那一声声呐喊"。这样解释不知道大家能不能理解，什么才是真正的需求？如果你是一家企业的管理者，你不能总是想为什么自己的产品卖不出去，而是应该想自己的产品是不是适合当前的用

户。如果一家企业的产品能够满足用户的需求消费，那是足以经营的。

在我们的日常生活中，如果让你先购买产品然后卖出，以此赚取其中的差价，我想你会非常乐意。如果让你将钱直接放进如股票、基金的市场里，而且对方的宣传语是高收益、高回报、随存随取，听上去很诱人，但是当你们考虑是否将钱投进去时，就会想到投入的钱是否安全的问题。

既然是高收益、高回报，那为什么用户不买单呢？因为用户投入资金前首先会考虑一个核心问题——安全性。如果不安全，再高的收益和回报也是没有吸引力的。所以金融行业中需要考虑的首要问题是安全性，其次才是收益。因此，许多公司在运营金融产品时，会在产品介绍中使用"××银行全权监管"的字样来使用户放心。

找到真正的用户需求要从根源上入手。还是上面的例子，除了安全性之外，用户的另一个真正需求是钱花得到底值不值得。如果我们能将软文与某些线下权威性推广活动相结合，那用户就会认为这项花费是值得的。

综上所述，用户真正的需求在于对金钱的判断，如果是金融理财类的用户，直接以钱换钱时考虑的重点是金钱的安全性；如果是产生一些额外的产品消费，那么这项花费便是不值得的。结合这两点去撰写软文，将会对企业大有帮助。

4.4.4 案例：买房找我 VS 这就是你的家

图4-25所示为互联网上发布的两则关于买房的广告，如果是你，更倾向于哪一种呢？

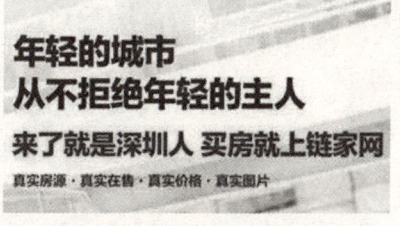

（a） （b）

图4-25 买房找我VS这就是你的家

图4-25（a）给人的感觉比较生硬，只是将广告的目的直接地说了出来，可能连用户需求都没有找到。如果是需求消费，最起码可以这样写"没地怎么睡，

快来找我们买房租房吧"。从这句广告语可以看出，这就是需求消费。

图4-25（b）更倾向于情感消费，"来了就是深圳人"的言外之意就是"这里就是你的家"，给人一种情感上的满足。

所以在撰写软文时要切记，如果无法满足情感消费，那么一定要通过软文将需求消费展现出来，这样才能提升我们的产品销量。

第5章 软文营销的推广

如果说软文是载体，营销是布局，那么推广就是实际操作了。推广是将软文具象化、实际化的一种操作模式。将软文在互联网上进行推广，是检验作者所撰写的软文是否有价值的唯一途径。

5.1 软文的微信推广

微信已经成为目前全国最大的社交平台，而微信推广的基础也正在此。微信推广借助强大的用户群体，依靠特定的微信推广方法，可事半功倍。但是在微信推广的过程中，切忌强制发送一些没有任何意义的低质量广告，这样反而会使用户心生反感。

5.1.1 什么是微信推广

微信推广是当前互联网时代的全新产物，是当前企业或个人所使用的一种推广方法，也是随着微信的诞生，而逐渐被用户发掘的一种新媒体的推广模式。

微信推广主要是借助微信中的附近的人、软件定位、漂流瓶等功能进行推广。当然也可以结合互联网进行引流，将用户引流至微信，最后进行转化。而微信推广，也因为相比竞价而言更省钱、相比优化而言更直接，被众多企业青睐。

微信推广对用户而言，更多是点对点的推广模式。但是这个点对点的推广模式却因为信任度的问题，导致推广的展开成为一件非常困难的事。于是微信在之后的一段时间内，研发出了微信公众号和微店这两款产品。微信公众号侧重于通过认证、订阅等功能来提升用户对关注者的信任程度。微店侧重交易，形成了微商泛滥的局面。

微信推广主要体现在移动端，也就是用户的手机上，主要是利用微信的功能将企业的产品信息、新闻及原创文章发布到微信公众号，然后通过微信公众号的分享功能，将推广内容分享到朋友圈、漂流瓶、附近的人等，激发用户产生消费。

微信上聚集了众多的用户，许多企业和个人都希望通过微信推广来赚取一定的利润，因此使微信推广成为一种十分火爆的推广方式。

5.1.2 微信推广的优点

如图5-1所示为微信推广的优点。

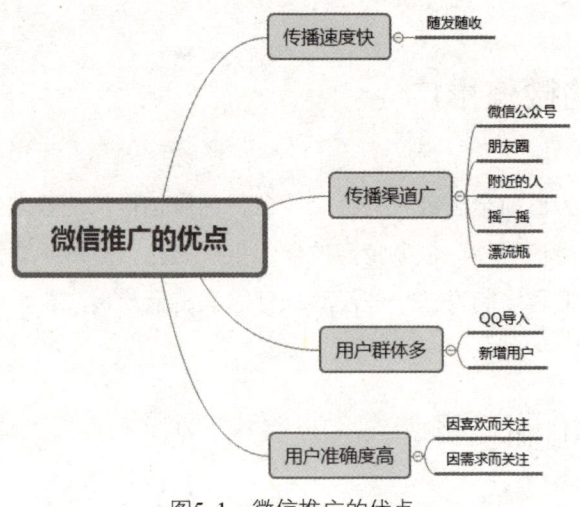

图5-1　微信推广的优点

1. 传播速度快

现在只要出现热门新闻，我们往往都会说"某某新闻被朋友圈刷屏了"。这足以证明微信的传播速度是非常快的。现在几乎人手一部手机，而且大部分人都有微信，且微信之间是相互衔接的，信息在微信平台能形成分裂式的传播效应。

许多企业和自媒体会通过微信公众平台首发的模式来吸引用户的关注。而只要是关注了微信公众平台的用户，在运营者发布信息之后，秒收率达百分之百。

2．传播渠道广

微信之所以受到自媒体人和企业用户的广泛欢迎，最重要的原因就在于它的传播渠道特别广。

微信有许多传播渠道，从传播难度上来说，微信公众号是难度最大的，添加附近的人却是最简单的。现在我所运营的企业，以微信为例，更多是以软件定位，然后通过添加附近的人开发市场，将附近的人引导至当地的线下机构进行消费。

至于微信朋友圈，更多是用来推广和分享，同时也可以维持一些没有转化的客户，以一种持续更新的方式来实现这些没有转化客户的最终转化。

3．用户群体多

据2017年不完全数据统计，微信的注册用户已经超过了10亿，正是因为庞大的用户数量，微信成了商家必争之地。

4．用户准确度高

以微信公众号为例，用户之所以会关注这些微信公众号，主要的原因有两个，一是因为喜欢，比如喜欢文学的人会关注文学类的微信公众号，喜欢娱乐的人会关注娱乐类的微信公众号；另一个原因是需求，比如用户想要购买某商家的产品就会关注其微信公众号。所以许多企业会创建自己的微信公众号，使得用户购买产品更加方便。

5.1.3　微信推广的战术

微信推广主要是以一对一的模式进行，当用户心存疑问时，负责微信交流的客服人员便会与之沟通并解答问题。我们在做微信推广的时候，就必须使用一些战术来提高用户对我们的关注度。

1．以人为核心的品牌战术

比如自媒体，这里指更多倾向于用自己名字营销的自媒体。

一个人如果在互联网上活跃3～5年，并且在3～5年间不断发表自己的原创作品，并且进行经验的分享，那么他一定会积累一部分忠实的读者和粉丝。如果能将这些读者和粉丝有效地转化到微信上，那么当他在微信公众号上发布一些产品信息，并进行销售时，这些读者和粉丝便极有可能转化为购买者。因为这三五年的坚持，已经将商业模式中最难解决的问题给解决了，那就是信任。

2．分裂式传播战术

分裂式传播就是以一传十、十传百的模式进行传播。除了一些用户会主动转发之外，为了能够进一步扩大软文的转发次数，我们可以通过利益的驱使，来提高用户的转发率。例如，我们可以在微信公众号上设计一个抽奖转轮，在转轮里放置一些奖品，只要用户转发给10个朋友，就可以获得一次抽奖机会。一般可以提供一些免费的资料作为中奖概率最大的奖品。

3．视频游戏战术

在朋友圈经常会发现有朋友分享一些搞笑的视频，而这些搞笑的视频往往都会打上水印。这些水印就是该视频初始创作者的广告，内容多是微信公众号或者快手的ID。视频添加水印之后，就相当于有了版权保护，一般人也无法通过技术去掉水印，转发起来都是无形中在为创作者做宣传。

另外一种就是挑战智力游戏，朋友圈经常会看到此类游戏的分享。设计一个简单的H5小游戏，然后以挑战的模式引起用户的注意。例如，"我已经挑战到了第十关，得到80分，你能挑战多少关呢？"这种方式极易激起用户的好胜心。用户点开之后玩游戏不免看到各式各样的广告，这也是一种微信推广方式。

5.1.4 微信朋友圈的推广技巧

微信朋友圈每天都被数亿用户不断刷新。我们可以从微信朋友圈中快速浏览微信好友们发布的日常动态。用户可以通过微信朋友圈直接发送文字、图片及视频，软文也能通过微信朋友圈分享到其他社交平台。

那么，我们应该通过怎样的模式将自己想要发布的信息发布到朋友圈中，以此来获得更强的推广力度呢？

1．文字展开技巧

微信发布朋友圈的时候，因为字数过长而无法一次展现，所以通常发布朋友圈的营销者会在直接可见的部分发布一些吸引用户注意力的话题，但是会在之后利用空格的方式来增加信息的神秘性，等用户真正点开之后，才发现是一则广告。

2. 热点话题技巧

热点话题通常都会引起用户的注意，我们可以将热点话题进行一些包装。以明星八卦为例，我们可以结合当前的话题，创造出一篇带有"标题党"性质的软文，然后将其分享在朋友圈，因为是热点话题，自然很快就能引起用户的关注。

3. 软文广告技巧

正如教大家写软文时提到的，能将广告无声无息地插入到软文中去，才是真正的高手。当然，这种无声无息并不是指完全看不出来，而是让用户看完广告却不会反感。

软文营销是一种技巧，微信推广是一种渠道，朋友圈分享有方法，这些都必须了解得非常清楚，才能有效实现微信推广。

5.1.5 解读微信推广软文

微信公众平台使微信成为继微博之后又一强大的营销利器。曾经我们想要在网上看文章大多是通过网站或博客，后来微博诞生，但初期只能发送140个汉字，再后来微信公众平台又诞生了，也成了软文推广的重要途径之一。

一篇高质量的微信软文，会在无形之中提升作者个人的人格魅力和企业的形象。尤其是以企业为主的微信公众号，因为提供的服务更多，且运营和推广的人员比较专一，所以更加受到重视。而微信公众号也是以软文的形式展现的，甚至可以说微信公众号将软文的价值提升到了一个全新的层次。

1. 打开思维

企业推广软文的前提是有自己的产品，而要想真正地将产品推广出去，就需要打开自己的思维。如果软文中只是讲述产品的名称、作用等，无异于产品说明书，对企业产品的推广是毫无意义的。

打开思维是撰写企业软文时需要重点关注的部分，针对这一点可以多阅读一些优秀的创意型软文。

2. 配上有吸引力的图片

配图也能算技巧？这可能是你心中的一个疑惑。不是每篇软文都会使用配图吗？道理是没错，但是要让所配图片产生吸引力并不容易做到。微信公众号的软文都是以图文的形式发布的，而图片会首先展现在用户面前。如果我们的标题写得好，可以获得50%的点击率，配图配的足够吸引人，也获得50%的点击率，加起来就是百分之百的点击率。

3. 利用成功案例

无论是企业的产品被用户使用，还是个人学习了企业的知识，都能够得到相应的反馈。换句话说，如果企业想要吸引更多的用户，那么成功案例是必不可少的。

4. 篇幅字数控制

根据我以往的写作经验，一篇软文的篇幅不宜过长，太长会让用户产生阅读障碍，而不想再读下去。篇幅也不宜过短，太短的软文也无法引起用户的兴趣。一般来说，软文的篇幅在1200～1500字为佳。在这样的篇幅内不仅能表达出软文的核心思想，也能让阅读时间在用户的承受范围内。

5.1.6 微信公众平台推广技巧

微信公众平台作为商家推广的重要平台，自然也有专人维护。但就像招聘软文写手时通常招聘新手一样，许多企业在招聘微信公众平台的运营者时也倾向于招聘新手。这在我看来，虽然节省了人工成本，但新手确实很难做好软文营销。

我在写这个章节之前，问了这两个岗位的新手。我问新手软文写手："你觉得软文是怎么样的？"他说"我老大教我的就是拿了别人的文章改就可以了。"我又问那个运营微信公众号的新手："你觉得微信公众号要怎么运营？"他告诉我："就是把编辑写好的文章发到微信公众号上，然后分享到朋友圈啊。"

由此可见，如果你的企业有这两种新手员工，那基本可以放弃软文营销了，因为这样的软文营销根本无法创造出任何价值。

如何写作软文已经在前面的章节中一一介绍了，这里主要介绍微信公众平台该如何推广。微信公众平台的推广技巧是非常多的，如图5-2所示。

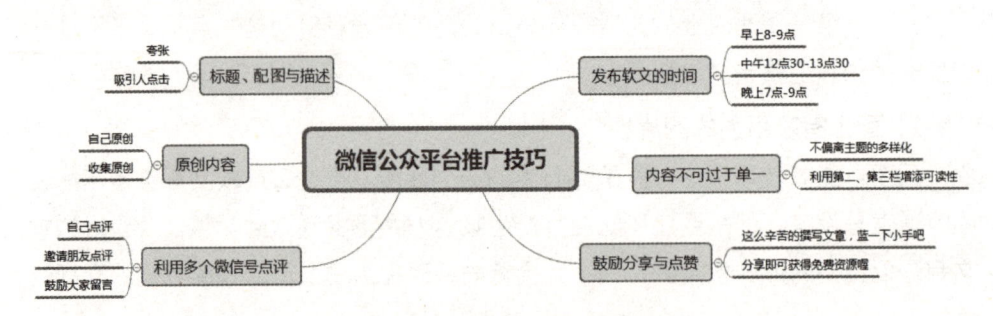

图5-2 微信公众平台的推广技巧

1. 发布软文的时间

发布软文的时间很少被人注意，往往都是写了就发，并不会合理安排时间。如果不是即时性的热点新闻，最好选择以下三个时间段发布，分别是早上8:00~9:00，中午12:30~13:30，晚上7:00~9:00。另外，周末最好是在上午10:00之后发布。

早上8:00~9:00是上班的高峰期，这个时间段人们一般在乘坐公交或地铁，最常做的事就是玩手机；中午12:30~13:30，这个时间段大家都在吃午饭，边吃饭边玩手机已经是当代人的共性；晚上7:00~9:00，这个时间段大家已经回到家，是吃饭和休息的时间，使用手机的频率也较高；每逢周末，一般人起床时间都比较迟，最好在上午10:00之后发布软文。

2. 内容不可过于单一

许多企业的微信公众号之所以效果不好，是因为他们每天都在重复发布一些专业性知识。这种文章的可读性和宣传性极低。

最好在不偏离主题的情况下，丰富软文内容；另外，可以在第二和第三栏增添一些搞笑内容或是与企业相关的活动等。

3. 鼓励分享与点赞

一篇软文的好坏，很大程度在于分享和点赞。但是并不是所有人都会在阅读软文之后分享，此时我们就要使用一些催促机制来提醒大家分享。

案例 5-1

我们可以在一篇软文的末尾加上这样一句"小编辛苦地撰写软文，你也不蓝一下小手吗？"这个"蓝一下小手"就是点赞的意思。而如果想要更多人分享，也可以在末尾加上一句"分享有好礼，资源免费送"等，通过这样的方法，可以增加软文的分享数与点赞量。

4. 原创内容

原创是重中之重，如果一个微信公众号只是频繁地转载别人的文章，那么久而久之，用户就会觉得这不过是一个互联网的搬运工，并没有任何价值。我们要清楚，一篇软文是否有价值，是否能被广泛地传播开来，原创是首要因素。

5. 标题、配图与描述

一篇软文的点击率与其标题、配图和描述密切相关。虽然标题、配图和描述是三个不同的方面，但是具有相同的目的，就是吸引用户点击。我们要明确一点，当用户看到微信公众号更新文章后，如果感觉标题、配图和描述足够吸引人，就大有可能点击。

6. 利用多个微信号点评

现在许多做微信公众号的个人和企业，都拥有一批微信号，利用多个微信号点评。另外一种是企业会鼓励员工进行分享和评论，也能产生一定的效果。最后是引导留言，这种方式更多的不是以软文为基础，而是以引导用户为基础。

案例 5-2

如果觉得自己发布的软文并没有太大的评论价值，那么可以在文章的末尾加上这样的话，如"不如大家说说国庆假期都做了哪些尴尬的事吧！"，也是可以引导用户留言的。

7. 其他

这里主要谈一些注意事项，比如不需要创建多个微信公众号。这是运营微信公众号和运营网站的不同之处，可以做N个站群来引流，而微信公众号不必这样。一个微信公众号可以容纳上百万的粉丝，如果创建多个微信公众号，则会造成严重的分流。另外，有些公司认为数据是最重要的，这种观点并没有错，但是数据是建立在用户上的。因此，运营微信公众号的前期，我们应该将更多的精力放在如何吸引粉丝的关注上，而不是单纯地关注数据。

5.2 软文的 QQ 推广

虽然现在微信已成为主流社交平台，但是QQ依旧存在巨大的市场。而且QQ推广一直是企业推广的重要渠道之一，无论是QQ群、QQ空间，还是QQ邮件，都创造了一定的价值。

5.2.1 QQ推广之前要知道的事

QQ推广作为曾经互联网主要的推广方法之一，一直沿用至今。图5-3所示为QQ推广之前要知道的事。

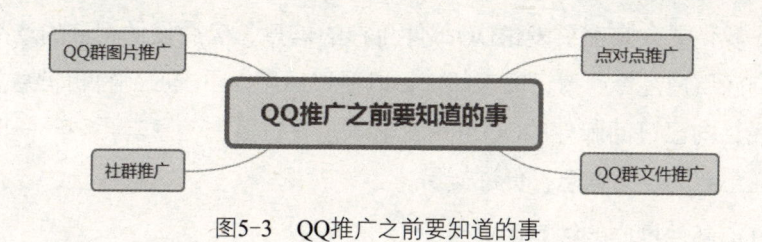

图5-3　QQ推广之前要知道的事

1．QQ群图片推广

现在做QQ营销的企业依然有很多，而且基本上是以QQ群的模式展开的。在QQ群里有一个群相册，如果我们将修饰过的图片上传到群相册，那么就会立刻在QQ群提示，这样一来群里的用户就都能看到了。

这种隐形的推广技巧，现在使用的人并不多，但效果也是有的。

2．QQ社群推广

QQ社群的出现，是为了更好地将一群有着相同兴趣爱好的用户集中到一起。如果我们能够根据自己的企业定位，将QQ社群中的用户转换为我们自己的用户，就非常成功了。而对于企业来说，在QQ社群推广软文更是一种非常好的方式。

3．点对点推广

点对点推广主要针对特定的用户。当用户通过我们的官方网站找到我们的客服人员时，所进行的对话称为点对点对话。在对话过程中将自己企业的信息告诉用户，使用户了解了我们的企业，称为点对点推广。

4．QQ群文件推广

QQ群可以共享文件，而且可以随意下载。我们就可以在有效的群文件中，添加我们的软文广告，以方便用户传播。

5.2.2 QQ邮件的推广

QQ邮件对企业来说是一种十分节约成本的推广模式，尤其是针对一些特定的用户。如果企业能够收集到准确的企业用户的QQ号，再加以QQ邮件的推广模式，是可以提升企业业绩的。现在使用QQ邮件的人越来越多，因此我在这里只是简单地介绍操作步骤和注意事项，具体的推广效果需要结合企业的用户质量而定。

1. QQ邮件推广的步骤

首先我们要收集需要发送QQ邮件用户的信息，然后发送相应的产品打折信息，并询问用户是否愿意订阅该邮件，以便日后可以再次收到打折信息。隔一段时间之后，向已订阅邮件的QQ用户发送一些有价值的信息。再隔一段时间，向用户发送全新的产品信息，促进交易。

2. QQ邮件推广的注意事项

许多企业对QQ邮件推广的认识程度不深，推之前不关注用户的质量，也不考虑邮件的内容是否合适，最后毫无效果。那么，我们在进行QQ邮件推广时，需要注意哪些事项呢？注意事项可以分为一切忌，三切记，如图5-4所示。

图5-4　QQ邮件推广的注意事项

（1）切忌胡乱群发，在群发邮件之前，要先进行市场调查

这种调查更倾向于测试，测试一下怎么群发邮件效果会更好。就像更新微信公众号的文章一样，我们要调查用户什么时候有使用QQ的习惯，在这个时候发送QQ邮件，就会起到更好的作用。

（2）切记分类明确，尤其以收集到的QQ资源为主

如果我们收集的QQ资源的对象是企业主，那么我们可以发送企业挂牌、融资等信息。如果我们发送的是金融、外汇炒股之类的信息，他们就不会有太大的兴趣了。一定要分类明确，以免造成不必要的资源流失。

（3）切记遵循二八定律

所谓二八定律相信大家也已经十分清楚了。我们在做QQ邮件推广时，也一定要注意将大量的时间花在精准的客户身上，而不要将大量的时间花在没有意向

的客户身上。

（4）切记不断总结

在进行QQ邮件推广的过程中，我们必须不断总结经验。一些操作上的细节，邮件中的软文内容等，都可以通过不断总结经验，做出改进。

5.2.3　QQ空间的推广

QQ空间推广作为QQ推广的重要部分，不仅可以通过QQ空间的权重提升排名，更可以通过QQ空间对读者和粉丝的积累，来赚取一定的广告费用。如图5-5所示，是本人"实名倪涛"通过QQ空间在互联网上取得的排名。QQ空间的排名远比一般网站的排名要高。

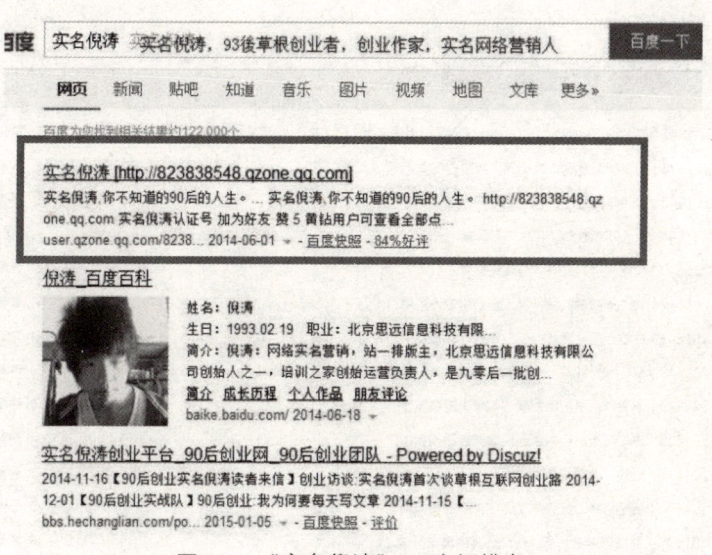

图5-5　"实名倪涛"QQ空间排名

现在许多人无论是从QQ还是从微信的角度，都疯狂地加好友，加完好友便开始发广告。这种做法是非常不可取的，要知道QQ和微信是我们用来转化的平台，而不是单纯的发广告的平台。既然对方加了我们的QQ或微信，又或者通过了我们的加友请求，那就证明对方是一个待转化的客户。QQ和微信的推广更倾向于维护和创造价值，而不像其他平台和渠道一样，单纯以软文或广告为主。

QQ空间推广可以从三个方向展开，分别是空间日志、空间说说和空间照片，如图5-6所示。

```
                          ┌─── 空间日志
        QQ空间推广的方向 ───┼─── 空间说说
                          └─── 空间照片
```

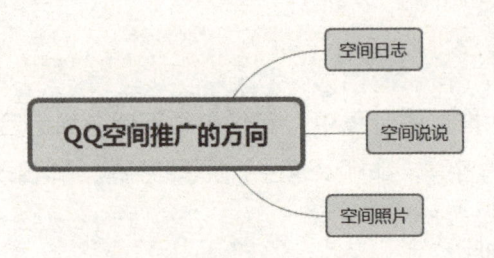

图5-6　QQ空间推广的方向

1. QQ空间日志

QQ空间日志是QQ唯一可以发表软文的平台，也是现在自媒体的一个重要平台。自媒体往往是借助第三方平台，将上面的读者吸引到微信公众号、微信及QQ等自己的平台。如图5-7所示，是本人QQ空间的日志列表。

写日志	模板日志	批量管理		切换到摘要 发表时间▼
（201647）当你单干的时候，你应该知道最重要的一件事				2016-03-14 (2/930) 编辑▼
（201646）以前都没觉得你这么屌，我以前确实不屑				2016-03-12 (4/468) 编辑▼
（201645）我是个急性子，我不急能行吗				2016-03-11 (0/856) 编辑▼
（201644）人生不是铁轨，祝你早日脱离轨道				2016-03-09 (1/999) 编辑▼
（201643）生活：努力的并不应该只是男人				2016-03-07 (1/756) 编辑▼
（201642）有一种微信叫做：别人家的微信（内附日入万…				2016-03-06 (6/1315) 编辑▼
（201641）文章：写完两年，那是一种什么感受				2016-02-29 (7/716) 编辑▼
（201640）网红：屌丝哥，papi酱，叶良辰网红的背后				2016-02-27 (0/481) 编辑▼
（201639）矛盾体：希望中彩票，不希望熬夜工作				2016-02-26 (0/832) 编辑▼
（201638）浮华背后：你是否还在想要自己创业				2016-02-25 (3/691) 编辑▼
（201637）心酸：你有多久没有大哭一场了				2016-02-24 (7/814) 编辑▼
（201636）嚣张思想：好像除了没钱你啥都有似得				2016-02-23 (1/899) 编辑▼
（201635）98后创业者来袭，低龄化营销再次升级				2016-02-22 (0/879) 编辑▼
（201634）人生两条死胡同：遗憾或后悔				2016-02-21 (3/846) 编辑▼

图5-7　QQ空间日志列表

在QQ空间发布软文时一定要记住，软文必须有一定的价值，因为读者会根据软文的价值来增加黏合度。另外，软文必须持续发布，最好能做到重复发布。因为一般人的QQ至少有上百个好友，如果只是发布一次，很有可能会被其他QQ好友更新的状态掩盖。我们可以挑选几个时间点，一天将软文重复更新3～4次，以此来提高文章的曝光度和阅读量。

2. QQ空间说说

在谈论QQ空间说说之前，我们一定要将自己的工作和生活分开。也就说我们都会有两面性，一面以工作示人，这种情况下的QQ空间说说必须严肃、正经，以创造价值为主；另一面则是生活，以平凡、励志和日常生活状态为主。

我们做营销肯定是以工作为主，因此在工作的QQ说说中，要尽量发布一些与企业相关的业务，以及业务带来的利润、好处等，以此来增加用户对公司和业务的熟悉程度，方便后期的成交。

3. QQ空间照片

通过QQ空间照片做推广，更多是发布一些公司信誉截图，以及客户反馈截图，同时可以发布公司的活动照片，向用户展示公司。最后通过水印的方式，加上自己的联系方式，以便用户能够联系到我们。因为用户通过QQ已经与我们建立了联系，所以我们可以在水印上增添电话号码，以便用户通过电话与我们联系。

4. QQ空间推广

其实QQ空间推广不仅仅局限于已经添加了的用户，也可以通过添加外链的方式进行推广。比如我们在第三方网站上发送外链的时候，可以在软文的末尾加上QQ空间软文的超链接，以便读者能进入我们的QQ空间浏览软文。

5.2.4　QQ群的推广

QQ群的推广主要体现在群的数量和群的质量上。QQ群主要是通过相关的关键词，将一些有相同爱好的用户聚集在某个群里，形成一个群体，然后在群里进行爱好的交流，以及信息的互换等。我们想要在QQ群进行有效推广，掌握一定的推广技巧是十分必要的。

1. 精准的QQ群

若要进行QQ群的推广，添加QQ群是第一步。但是不能随意添加，而是要精准添加。假如我们从事股票、投资、理财行业，那么我们肯定需要进入股票群，而不能随意进入一个金融群。金融群的范围太广，涉及外汇、港股、股权、企业挂牌、上市及融资等，而这些和炒股是没有直接关系的。所以我们首先要明确自己的用户对象是谁，再去添加相应的QQ群。

2. 切忌打广告

为什么要说切忌打广告呢？因为别人都在发广告，你再去发广告其实并没什么意义。所以最好是先以每天打招呼、签到的形式，让群里的群友对你有印象。而且我们要相信，除了一些发广告的人，另外那些活跃的人往往都是比较精准的客户，我们可以慢慢地了解并交流。

等熟悉之后再发送一些简单的广告，但是广告一定不能是纯广告，而要以软广告的形式发送，当然也可以用软文分享的形式，比如"我觉得这篇文章写得不错，大家也来看看怎么样"，诸如此类的形式，可以吸引群里的用户点击。

3. 精准删选

在添加QQ群之后，最好将群里所有用户的信息进行采集整理，并备注用户类型。通过采集删选，可以一步步地获取精准用户，以避免浪费时间。

5.3 软文的互联网推广

如前所述，QQ和微信主要用于转化用户，只是因为有了较大的用户基数，所以成了推广的渠道。但是从真正意义上来说，软文推广的完整流程是，先将软文发布到互联网的一些媒体上，而在软文中植入或留下了企业的微信公众号、微信号及QQ号。

那么，我们该从哪些渠道将软文在互联网上推广开来呢？如图5-8所示，可以通过四个互联网渠道进行软文的推广。

图5-8 软文的互联网推广

5.3.1 软文的论坛推广

相比现在的微博和微信，论坛属于比较早期的互联网产物，随着互联网的不断发展，论坛依旧活跃在互联网上。论坛推广在早期是一种应用十分广泛的推广模式，尤其是最开始以单纯的广告模式进行的推广。但是这种模式逐渐不再被用户接纳，若想再次从论坛推广中找到方向，就必须找到新的推广方式。天涯和猫扑是论坛的成功者，现在依然是用户活跃度较高的平台。

1. 论坛推广的特点

论坛推广必须具备哪些特点呢？如图5-9所示。

图5-9　论坛推广的特点

（1）隐藏广告

论坛上的大多数用户多为普通网民。他们在论坛上通常是浏览信息，而非发布广告。在论坛上经常会有一些网民自发地分享一些曾经到过的地方，经历过的事以及遇到的人，将他们的经历通过文章的形式分享出来，以此来交流心得。同样，我们也可以通过这样的方法进行软文推广。

（2）降低成本

论坛推广是一种传统的推广模式，绝大多数论坛是免费开放的，只要我们通过正规的途径去注册，并且按照论坛的要求发帖，就可以实现完全零成本的推广。

（3）准确分类

论坛就像我们的企业一样，也是围绕专一的方向建设的。例如，金融行业的从业人员需要寻找金融方向的论坛；贸易行业的从业人员需要寻找贸易类型的论坛。通过掌握准确分类，我们可以更加精准地找到目标用户。一般地方性网站，也会有许多不同的版块，方便当地用户进行交流和沟通。

（4）随时互动

论坛是以发帖和回帖的模式运行的。只要我们发帖有一定的吸引力，就会促使论坛中的会员回帖，也还有顶帖、加精、加热及推荐等操作。

2. 论坛推广的方法

要想在论坛的推广上取得一定的效果，花费时间和精力是必然的。那么如何在论坛中找到合适的推广方法呢？

（1）多互动

论坛里每天会发布许多帖子，除去一些广告的外推之外，我们要相信始终会有真实的用户在发帖，所以我们在做论坛推广时，要尽量多地回复这类帖子。如果回复得当，并且对方是真实的用户，那么就可以互动起来，最后逐步加QQ和微信等联系方式，以便后期做相应产品的推荐等。

（2）多分享

许多企业交给外推专员的工作就是发广告。这是一种很没有技术含量的工作，不仅对企业发展没有任何好处，而且对这名职员的发展也非常不利。所以如果我们自己去操作对论坛的推广，一定要多分享一些有价值的信息，而不是单纯地发布广告。在有价值的软文里植入广告并获得用户的支持，是非常难得的。

3. 如何选择合适的论坛

互联网上的论坛种类繁多，可以按照行业划分，也可以按照地域划分。所以当我们从事某种特定的行业的时候，就需要知道，怎么才能选择合适的论坛。只有选择合适的论坛，才可以借助论坛推广。

（1）行业论坛

行业论坛是行业人士的聚集地。这里不仅聚集了推广人员，更聚集了用户。想要找到这些论坛，可以通过使用自己行业的关键词加上论坛的搜索方式进行搜索。例如，用"金融+论坛"的搜索方式搜索金融论坛，这相当于一个组合词，很快就能找到一批合适的金融论坛。

（2）删选论坛的价值

论坛也是一个网站，论坛价值的高低和网站价值高低的判断方法一致。我们只需要通过站长工具查看论坛的权重高低，即可判断论坛的价值。一般地，权重越高价值越大，活跃的程度也就越高。由于论坛并不像网站那么容易运营，因此寻找论坛时要尽量寻找一些权重大于等于3的论坛。如图5-10所示，为知名论坛天涯的百度权重。

图5-10 天涯论坛的百度权重

4．论坛推广的操作步骤

第一步是找到合适的论坛并注册；第二步是在论坛上找到合适的发帖位置，如果要发布特定广告，一般发布在论坛的广告板块即可；第三步是填入标题和帖子的内容进行发布。

其实操作是比较简单的，但是要想真正地将论坛推广做好，还需要了解一些注意事项。

（1）不被删帖

多数论坛上都有专门的版主进行平台的维护，如果我们的帖子发出去就被删了，那就太不值得了。所以一定要遵守论坛的发帖要求，不能发表帖子的就千万不要发表，否则就只是在做无用功。

（2）无人阅读

帖子发出去之后，如果没有人阅读，那与删帖没有太大的区别。此处建议模仿论坛中阅读量高的帖子，分析为什么这些帖子阅读量会高，而自己的却无人阅读。

（3）引起互动

有互动才会有效果，如果帖子拥有巨大的阅读量，却连一个互动都没有，也是不行的。

（4）联系版主

最好能够与论坛的版主成为朋友，这样有助于你的帖子经常发表，以此引起更多用户的注意。我曾经在一个地方论坛连续发表自己的原创文章，最后与该网站的版主成了好朋友，也为我带来了大量的读者和粉丝。

（5）促进转发和分享

这是论坛具备的功能。如果我们的帖子被转发到朋友圈，就会被朋友圈的网友看到，转发到QQ空间，则会被QQ空间的好友看到，因此，促进转发和分享是最有效的传播方式。

如果能够在论坛的推广过程中注意以上五点，那么我们的论坛推广会获得意想不到的效果。

5.3.2 软文的博客推广

现在是互联网时代，除了微信和微博，博客成为第三大推广渠道，尤其以新浪博客为主。博客在搜索引擎中的排名并不比一般性的企业网站差，许多企业拥有自己的博客，而拥有良好排名的博客也能带来不错的推广效果。

在做博客推广时，我们一定要将博客当作一个网站来运营。只不过这个网站是三级域名，但是不要小看三级域名，新浪博客的三级域名是远超一般性网站的主域名的。在接下来博客的推广讲解中，大家也可以学习到网络营销的一些知识。

1．博客命名

我们在注册了新浪博客之后，就会有自己的博客管理后台。此时我们需要给博客命名，博客命名的好坏直接决定了我们的博客在搜索引擎中的排名。

案例5-3

如果我们做英语类的软文推广，那么对博客命名就可以是"广州英语培训""英语培训价格""英语补习班"等。出现了这种情况，而且每一个标题都不想放弃时，我们可以通过注册多个博客的方式来进行管理，这种模式往往比一般性网站的站群效果更好。

2．博文标题

博客推广在很大程度上要比单独的网站更有效，因为博客与微博是相互绑定的，而且博文也可以直接同步到微博当中，这无疑也是非常有利于企业推广的。

在撰写博文标题时，尽量不要以关键词为基准，因为要想通过博客中的博文获取好的排名是比较困难的一件事。所以此时可以使用一些夸张的标题，以此提升博文的点击率。

3．博文质量

博文质量和软文质量一样，都必须是优质的。

4．评论与上头条

博客就像一篇日志，是自带评论功能的。所以我们在对博文进行发布之后，最好同样鼓励一些朋友或者自己创建小号来评论我们的文章。至于上头条，企业如果觉得哪一篇文章值得上头条，就通过微博的上头条功能，花费一定的资金保持一定的热度，这样即可快速引起用户的关注。

5．个人博客

以上四点介绍的都是以新浪博客为主，当然也包括网易博客、凤凰博客等。但是这些博客都是借助其他平台，并不是真正属于自己的个人网站，管理起来没有那么方便。如果我们想要拥有一个自己的独立博客，就需要创建一个全新的网站。这个网站无论是域名、空间还是里面的程序内容，都必须由企业聘请专门的员工或者外包给网络公司建设。当然如果你像我一样也是程序员出身，就可以快速搭建自己的个人博客了。

5.3.3 软文的微博推广

现在是微博和微信的时代，每个人都在不停地通过手机来刷新微博和朋友圈。如果我们能够将自己的软文在微博中推广，那么引起的热度并不会亚于互联网上的热门事件。

整体而言微博中的软文可以分为四类，如图5-11所示。

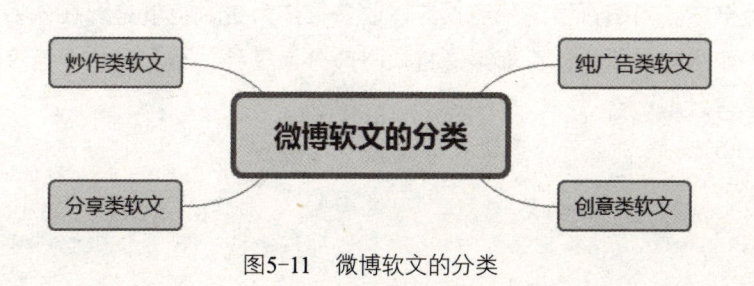

图5-11 微博软文的分类

1. 炒作类软文

炒作类软文是最容易成功的，但也是最耗费时间和精力的，同时很容易遭到各方网友的质疑。

2. 分享类软文

分享类软文的种类有很多，如美食分享、穿着打扮分享、健身分享及知识分享等。我更倾向于知识分享，也会经常分享一些知识给我身边的读者和学习者。分享类软文更容易引起用户关注的原因在于，它并不是以打广告的形式发布的，而是以分享的形式发布。

3. 纯广告类软文

微博是可以发布纯广告的，一般来说，在微博更新纯广告，是在企业出新品或者产品打折促销的时候。千万不要将发布广告软文当作一种吸粉的方式，长期发布纯广告类软文，很容易遭到粉丝的取关。广告要想做得好，必须抓住用户的需求。某企业在自己的官方微博上透露新品发布，但是这种推广不一定有效果。如果在微博上加入一句"买就送"或者"买就有机会抽取大奖"，这样的广告不仅容易让用户接受，更会促使用户转发，以此获得更多的交易。

4. 创意类软文

提到创意，大家心里就要明白，创意是为了吸引关注而生的。因为创意是改变用户当前的观念，而创造出来的全新的理念，用户对新鲜事物的喜好程度相信大家非常清楚。

创意源于生活，只有在生活中不断地发现，才能不断地产生创意。

5.3.4 软文的百度渠道推广

软文不仅能够在微博、微信、博客等平台进行推广，还可以利用百度旗下的平台进行推广。当然百度的渠道推广以收费推广为主，也就是现在人们常说的百度竞价。如图5-12所示，百度渠道推广一般分为三种：百度竞价、百度优化和百度免费平台。

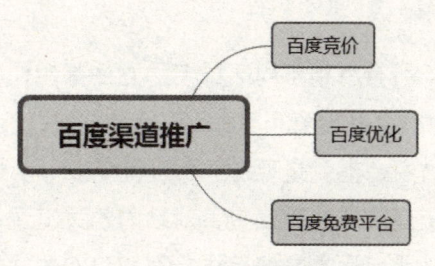

图5-12 百度渠道推广

1. 百度竞价

百度竞价是企业通过在百度开通推广账户，利用竞价的规则让自己的网站排在自然排名的前列。举例来说，当我们搜索关键词"英语培训"时，就会出现如图5-13所示的界面，而后面带有广告字样的就是百度竞价。百度竞价是现在大部分企业为了快速获得利润而使用的方法。但对一般小型企业和创业型公司，由于资金的原因，并不推荐使用。切记百度竞价需要专人管理，并且是具备一定经验的专人。由于百度竞价的出价模式有很多，而这些出价模式会直接影响企业所花费的成本，如果没有专人管理，盲目地开通百度竞价，无疑会空砸钱而没有效果。

图5-13 百度竞价结果

2. 百度优化

对于搜索引擎来说，所有有利于网站排名的方法都叫作优化。只是由于百度相对于360、搜狗及其他小型的搜索引擎来说占有绝对的优势地位。所以现在基本都是以百度搜索引擎为主，也就是现在的百度优化。

百度优化主要是在搭建网站的过程中，对站内的关键词、标题及描述，再加上代码的规范性，持续地更新原创文章等进行有关SEO的操作。这些操作会在以后的日子里产生效果，百度优化相对于百度竞价而言，最大的优势在于不需要任何费用，只需要坚持就能得到很好的效果。但是相对于百度竞价，其劣势也十分明显的，即不能快速为企业带来业绩。

百度优化和百度竞价对于企业来说是两种截然不同的营销方式。

3. 百度免费平台

除了百度竞价和百度优化之外，最有利于网站增加曝光度的渠道就是百度旗下的免费平台了。如果我们能够将自己的产品和业务，利用百度旗下的平台做免费推广，那是绝对快速而且有效的。那么，现在百度旗下能够供我们免费使用的平台有哪些呢？如图5-14所示，包括百度百科、百度文库、百度知道、百度照片及百度贴吧。这些平台的权重都非常高，而且是完全开放性的平台。

图5-14 百度免费平台

（1）百度百科

百度百科主要有企业百科和名人百科。企业百科针对企业而言可以提高企业在用户心中的价值，多见于品牌和企业名称。例如，淘宝和京东属于品牌词，而阿里巴巴与京东世纪贸易有限公司则是企业名称。名人百科多见于一些历史名人和当代明星，以及在某些特殊领域有一定成就的人。当然除了这两者之外，还包括地域、风景、事件等各种不同类型的百科。

百度百科是目前审核最为严格的一个平台，因为百度百科具有非常强大的权威性和可信度。所以，如果我们想要创建自己的企业百科或者名人百科，那么必须要在互联网上有一定的影响力。

（2）百度文库

百度文库主要是将一些有关于文学、教育、知识等信息，以Word、PPT等格式上传，以方便大家学习和下载。百度文库对文章没有绝对的要求。我们要想使用百度文库，可以在文章中发表一些自己的经验分享，附带上自己的联系方式。

（3）百度知道

百度知道是一种问答模式，所以我们可以采用自问自答的方法进行营销。但是要记住，一定要使用不同的IP和不同的账号，在回答问题时也需要谨慎小心地植入广告。

（4）百度照片

在曾经还有百度空间的时代，百度照片是一种非常好的推广模式。因为百度空间里的照片都能非常快速地被百度收录，并且快速取得排名。而现在百度照片多见于收集大型网站的图片进行展示。

要想通过百度照片进行营销，就需要从优化的角度进行。因为每张照片都是可以命名的，而所命名的名称要尽量与用户搜索关键词匹配。如果说搜索引擎是文字和网站排名的聚集地，那么百度照片就是网站内照片排名的聚集地了。所以为了更好地从百度照片获得利润，我们在上传照片时一定要使用标签"alt"。例如，我们上传一张关于金融的招聘照片，那么我们网站中这张招聘的代码就应该这样写："alt="金融""，只有这样才能在百度照片收录之后被找到。

（5）百度贴吧

百度贴吧主要是用户闲逛时会去的版块。百度贴吧里的软文也比较多，非常适合软文推广。但是软文必须具备可读性，而不是单纯的软文广告。百度贴吧最好的推广版块是地域吧，因为行业吧相对来说比较少，而在地域吧推广软文，效果是非常不错的。

第6章 软文营销案例

我们在学习了如何写好软文之后,又学习了如何将软文在互联网平台推广出去。这一系列的学习让我们更加了解软文营销。那么,软文营销到底是不是真的如我们所想的功能那么强大呢?这就需要通过实际的案例来验证了。

前面内容中也提到了许多案例,只是没有系统化。本章重点以行业案例为主,来加强大家对软文营销操作的理解。

6.1 餐饮类软文

餐饮行业主要是要抓准行业商机,通过结合互联网的软文发布,来获得推广效果。

6.1.1 餐饮类软文的写作技巧

随着软文营销的出现,越来越多的行业开始进军互联网。寻找更多特色美食,也让众多"吃货"流连于互联网。

那么餐饮行业想要通过软文推广打开更广阔的市场,该如何操作呢?

1. 塑造品牌形象

一定要记住,只有塑造出自己的品牌形象,才能真正走向成功。

餐饮行业的软文可以快速解决品牌问题。现在越来越多的用户,需求越来越高,品牌意识也越来越强。例如,肯德基、麦当劳等品牌十分受用户的关注和喜爱。又如，提到烤鸭就会想到北京全聚德，提到鸭脖就会想到武汉的周黑鸭。由此可见，品牌在各类营销中都起着至关重要的作用。

品牌并不是一时打造的，我们所接触的品牌老店都是经过了数十年，甚至在以往没有互联网的时代，要经历上百年才能成型。打造品牌形象，是一件急不来但又刻不容缓的事。

2. 产品安全性

餐饮涉及人身安全，如果用户对于你的产品安全产生怀疑的态度，一旦被互联网发酵传播，很快就会导致你的企业走向衰败。所以餐饮行业的产品一定要严格把关，不能因为贪图利润而使用过期、变质的食材。

案例6-1

相信大家对2016年发生的"原味主张"椰子鸡事件还有一定的印象。经相关部门人员检测，证明媒体报道的"不明液体"实为勾兑的椰子水。虽然这些椰子水并没有被检测出不合格的成分，但是由于该店铺发布的广告为纯正椰子汁，所以这已经存在严重的虚假广告问题。这个事件足以说明，餐饮行业容不得半点虚假，否则只会损坏自己的品牌形象。

要想让用户真正地了解我们的餐饮是安全的，而且通过软文营销的形式在互联网上宣传，那么就需要从以下四个方面去描述，如图6-1所示。

（1）食物的产地。这直接决定食物的源头。

（2）食物的加工。任何食物都必须经过加工，加工就会涉及安全卫生。

（3）食物的储存。有些食物需要冷藏，有些食物需要存放在地下；而且一般食物都有有效期，许多企业为了谋利，使用一些过期的食物，是万万不可的。

（4）食物的销售。

图6-1 食品的安全性

3. 健康防护

随着社会的飞速发展，人们越来越重视健康问题，尤其是免疫力和抵抗力都较低的儿童与老年人，健康也就成了餐饮企业应特别关注的问题。

案例 6-2

如果我们的产品可以做到有益儿童和老人的身体健康，那么就可以从健康的角度着手创作软文。例如，以儿童健康为出发点生产的益生菌饮品，如图6-2所示。

图6-2 益生菌饮品

4. 色香味俱全

正所谓人靠衣装，佛靠金装，只有外表好看了，才有可能让人喜欢。餐饮行业也不例外，如果软文能够刺激用户的味蕾，引发用户的食欲，这样的软文可以称为上乘之作了。

软文能够将食物的色、香、味，通过文字和配图的方式展现出来，用户阅读时可以非常清楚地了解到这是一款非常好吃的食物。接下来我们还一定要做好相应的推荐，比如该食物对哪些人群可能不太适合，以免销售出去之后得到差评。

案例 6-3

一篇推广烤鸭的软文，曾在微博平台上引起了强烈的反响。软文的作者通过对烤鸭的描述，写出了长篇小说。

5. 客户反馈

客户反馈，在互联网上统称为用户体验，而在餐饮行业中我个人觉得称为客服反馈更加合适。要想通过客户体验的方法吸引用户的关注，我们就必须将自己想象成客户，并且从食品味道等方面进行描写，以此来激发用户内心的共鸣。这也是许多线上网店启用评论功能，线下实体店邀请顾客填写爱心小便签的原因。

客户反馈一定要写得生动形象，可以作为重要的推广方向，如发布在官方网站、淘宝店铺及美团等。

6.1.2 餐饮类软文的写作注意事项

了解这些注意事项，可以有效地规避一些软文中的常见问题。

1．重产品即可

餐饮的特点是用户在最初都只会记住产品是否好吃。所以撰写餐饮类软文时，一定不要刻意将自己的企业放得过于明显。餐饮与其他行业的不同之处就在于此。以医疗为例，医疗用户更注重的是哪家医院，而餐饮用户更注重于某个产品。

2．餐饮重营销，慎打击

对餐饮行业，如果随意在互联网上发布关于竞争对手的负面消息，迟早会被竞争对手发现，那么它也会予以反击。如此下去就会陷入恶性循环，最后大家都将重心放在打击对手身上，就无法正常经营了。

做任何行业都讲究双赢，即使做不到双赢，也不能随意打击竞争对手。

3．注意行业价格

每个行业都有每个行业的规则，如果价格过高，就会使消费者产生一种被欺骗的心理。这一点在软文推广中尤其要注意。如果你在软文中宣传物美价廉，但是等顾客不辞辛苦来到你的店铺进行消费，却发现与网上所写的价格有天壤之别，必然会造成负面影响。

4．必要的策划执行

切勿将餐饮行业看得过于简单，即使只是经营一个小型店铺，也是需要营销的。经营前对店铺和产品进行策划，将起到事半功倍的作用。

而且餐饮行业的软文更注重策划营销，一步一步地将自己的店铺、产品、特色及优惠分层进行推广，以实现层层布局的营销策略。

5．多用新闻口吻

除了使用用户体验的口吻撰写软文之外，还可以多使用新闻媒体的口吻。比如"据某某新闻报道""某某电视台报道"等。以此为切入点，不仅能在用户心中树立起良好的口碑形象，更能加深用户对该产品的熟识度。一旦用户在脑海中对产品产生了印象，企业也就获得了一定的知名度。

6.1.3 案例分析：城市带来了小山村的美味

湖北人对吃非常有讲究，如武汉的热干面、武汉的周黑鸭、荆州的锅盔等小吃，吸引了许多消费者。

但对于吃货们而言，这些远远不能满足他们的胃口。吃货对美食的诱惑是无法抗拒的，他们不断寻找令人食欲大开的味道。10月1日，从"城市里的小山村"里传来一阵令人熟悉的味道。大家都知道，这是儿时妈妈的味道。

就这样，品尝儿时妈妈的味道，在"城市里的小山村"热烈地拉开了帷幕。

"城市里的小山村"里的大厨厨艺非凡，一份份记忆深处的腊鱼、腊肉在他们高超的厨艺之下变成了一份份诱人的美食，吸引了越来越多消费者的光临。

"没想到现在不用回到老家，就能吃到儿时的味道，真是太好吃了。"这是一位在外打工多年的食客所说的，满怀感激。

想要吃出儿时的美味，自然要吃出儿时的气氛。在这里，大家都谈起了儿时的事，开心非凡。这里没有职位和身份的高低，只有畅吃畅饮的儿时记忆。

有的先吃美味的鱼头，有的先吃腊肠，有的则开怀大吃起了猪头肉。看着大家吃得这么开心，摄影师都情不自禁地加入了战斗，想要一饱口福。

当然，美味的食物永远是不够吃的，只要你能在10月1～7日光临，还可以参加怀旧儿时的回馈活动。吃腊鱼送腊肉、吃腊肉送香肠，如果带着老人来吃，还有更多的优惠相送。我们是一群吃货，更是一群为了儿时记忆而来的吃货。

这样既能回忆儿时的美味，又能获得大大的优惠，真是机会难得。如果你想回忆儿时的味道，想要吃到正宗的山村美食，那就来"城市里的小山村"吧，带你回味儿时的美味，带你体验儿时的回忆。

还在等什么，快来联系我们：136××××××××，品尝儿时的味道吧。

案例分析：

全篇软文如同一部时光机器，带我们回到了记忆深处的童年。再加上美食的衬托，美食与记忆结合，成就了这篇软文。本篇软文以回忆为主，勾起了用户心中的念想，远比单一描述美食更具有吸引力。

首先，软文的目标定在国庆节期间，通过对食客的描写，让读者身临其境。而点睛之笔在于，摄影师也加入了战局，这足以证明当时的美味和气氛都足够激动人心。最后加上优惠活动，以及不仅可以自己享受优惠，还可以带老人来同享优惠。这又是一个尽孝的切入点，让用户能够有机会与父母享受天伦之乐，刺激了用户的情感需求。美食、回忆、尽孝一起戳中了用户的内心，相信看到这篇软文的人，都会想要去亲身感受一下。

6.2 房地产类软文

房地产类的营销一直凭借传统硬广模式展开，但是随着互联网的发展，房地产行业也逐渐意识到，单纯依靠广告已经很难再吸引更多的购房者。于是，房地产类的软文应运而生，成为房地产行业新的推广方式。

6.2.1 房地产类软文的写作技巧

现在互联网上到处都是相差无几的房地产软文，因为大家都写得差不多，既没有新意，也没有值得学习的地方。许多房地产软文都以赞美自己的楼盘为主，对用户而言并没有吸引力。

那么，要想写出优秀的房地产类软文，应该从哪些方面入手呢？我们需要掌握一些房地产类软文的写作技巧，如图6-3所示。

图6-3 房地产类软文的写作技巧

1. 务实为主

我们经常可以看到一些户外广告，内容大多写得非常传奇，给人一种刻意包装的感觉。这在任何行业都已见怪不怪，主要是为了吸引用户。而且能够看到户外广告的，都是线下能够真实看到实景的用户。而在互联网上推广软文时却并非如此，软文是为了让用户感兴趣，从而使其产生购房的欲望。所以不能写得太过虚假，应该尽量将真实的信息展现出来。如果软文内容夸大其词，无论用户在网上询问，还是到线下来实地考察，都会有被欺骗的感觉。

2. 换位思考

这里的换位思考分两种，一种是将自己想象成记者，另外一种则是将自己想象成购房者，也就是用户。如果将自己想象成记者，那么就可以从报道的角度来展开软文的撰写。因为一般新楼盘开张或者装修都会被当地的一些记者报道，我们以此为切入点撰写软文不会让人觉得不真实。当然也可以将自己想象成购房者，这是最普遍的一种写法，但也是最有效的推广方式。购房者的角度就不能单以优点为切入点，最好是将自己的购房经历，所遇到的一些人和事，最后如何达成交易并满意入住全部写出来，这样才会让其他购房者觉得软文内容是真实的。

3. 多分段落

相对其他行业而言，购房者的开销会比较大，他们关注的点也比较多。如果我们要想在一篇软文中介绍清楚是不太可能的。因此，我们尽量不要介绍得过于详细，只要将楼盘的亮点指出，多分段落清晰描述即可。

4. 标题营销

房地产类软文尽量以一个主标题和多个小标题分开的方式来撰写，这样就能通过标题勾起用户持续阅读的欲望。在撰写标题时，尽量不要过于广告化，因为大部分用户对广告是抗拒的，如果广告意味太重，会适得其反。

5. 尽量精简

精简的意思就是不要啰唆，避免重复描述。因为房地产并不是新兴行业，大家对相关基本知识都非常了解，所以不必对此大费周章。软文尽量展现出自己的核心内容，表现出自己的优势。如果一味地从概念、开发、建设等方面撰写软文，只会使用户反感。

6. 多学习

学习是永远没有尽头的，我们可以多阅读一些优秀的房地产软文。但要注意的是尽量看一些符合当前市场，而不是已经过时的房地产软文。

6.2.2 房地产类软文的三个层次

房地产类软文可以划分为三个层次，分别是垃圾广告、正面报道和三方共赢。

1. 垃圾广告

垃圾广告类型的软文在互联网上随处可见。这种类型的软文从头至尾都是以"王婆卖瓜，自卖自夸"的形式展开的。如项目如何好，环境如何优美，地段如何优秀，服务如何周到，然后将联系方式置于文章末尾，以此引导用户联系商户。

这种垃圾广告层次自然是最低的，也是目前来说效果最差的。但是现在无论是销售人员还是房地产商，都依然停留在此阶段。或许他们只能做到这些，又或许他们的思维已经僵化到无法找到全新的方向。

2. 正面报道

正面报道类软文与垃圾广告类软文相比有一定的提升，懂得借助外界媒体的力量引起用户的关注。以楼盘开张为例，通常借助新闻报道吸引购房者。这种软文的可读性就在于其新闻的形式，用户会觉得这是具有权威性的新闻资讯。殊不知互联网的媒体和纸媒、电媒等是大不相同的，互联网媒体的权威性也远不如我们所熟知的传统媒体。

正面报道的软文多属于企业合作，企业认为自己提供了资金，对方就会将事情做好。但是往往媒体也并不一定就能宣传到位，这也是为什么许多大型企业自主招聘员工而不用外包的原因。

3. 三方共赢

三方共赢是房地产类软文的最高境界，这种类型的软文是从用户、媒体及项目三个方面考虑的，这三方都能从中获利。

这类软文说起来较为复杂，从某种意义上说，这种软文已经不是普通意义上的"软文"了，而是媒体自发地发表出的代表其"公正性"的文字内容。一般分为两类，一类是企业无须付费的，文章中的内容是企业提供的非常有价值的信息；另一类则是媒体收费采写的关于某企业正面或中性的报道。

总的来说，这种软文的特点是：媒体产出了有价值的文章，用户获得了有益的信息，项目经媒体报道提升了知名度和美誉度。这种"三方共赢"的结果应当是所有软文作者最想看到的。

4．小结

如果你从事房地产行业，可以从以上三个层次来判断自己的水平。如果只会发送一些垃圾广告，那么肯定是必须改进的；如果能够通过媒体来做正面报道，那么有待提升；而如果处于第三个层次，那足以证明你是房地产行业的销售精英了。

无论我们写什么样的软文，经验是必须要有的，另外还需要具备创新思维。要想通过互联网这一渠道赚到房地产行业的钱，就需要深入了解和学习。软文是传播的介质，是一种重要的营销方式。如果你在房地产行业使用的方法都是大家熟知的，而自己又不加以深入学习，是无法成长的，更是无法成功的。

6.2.3 案例分享：好的店铺，发家的源头

选择合适的店铺就像选择合适的配偶，买下店铺更像结婚一样重要，切勿随意下决定。

购买店铺已经成为一种时尚，更是一种机不可失的投资机遇。尤其是面对黄金地段、中心位置及品牌经营的"金铺"时，一旦与商机擦身而过，就会永远错失。

那么什么样的店铺才算得上人们常说的"金铺"和"旺铺"呢？我们试着以宣城府山商业广场为例来为大家说明，府山商业广场拥有钻石级地段、铂金级布局及黄金级品牌。

钻石级地段：府山广场位于锦城路和叠嶂路的钻石十字交汇处，这里是宣城古代文化沉淀的核心地段，宣城市最繁华的市中心位置，宣城人气最为兴旺的宝地，宣城人心中不可复制的绝版之地！府山广场具有与生俱来的魅力，吸引众多用户亲临消费。

铂金级布局：南接锦城南路，西连叠嶂中路，北通民族商城。府山广场以大型休闲文化广场为重要依托，四层大型购物休闲中心为核心主体，以锦城路、叠嶂路

临街门面为标准的品牌形象；超过一万六千平方米的地下超市为主力经营店，拥有规划合理的内街和广场沿边的休闲娱乐商铺，从而形成了绝佳的商业大环境。处于大环境核心的府山商业广场更是显得光彩夺目。

黄金级品牌："七匹狼""与狼共舞""华伦天奴""PEAK"……引领时尚的知名品牌商家入驻此地，使府山商业广场更是锦上添花。府山广场责无旁贷地担负着引领宣城时尚生活的重任，其商业气氛会更加浓厚，人气会更加旺盛。

天时、地利、品牌、人气成就了今天的府山商业广场，聪明的商人来到这里会做两件事：一是购铺，二是去享受源源不断的财富和幸福。

案例分析：

该房地产软文整体而言并没有直接推荐商铺，而是选择了一个绝佳的切入口。在一开始以传统观念入局，这种传统观念是较容易认可的。从钻石级地段、铂金级布局及黄金级品牌进行介绍，为用户提供三种不同认知角度。最后通过聪明的商人该做的两件事收尾，正好迎合了购买店铺者的心理。

6.3 教育类软文

随着教育产业规模的不断扩大，教育市场竞争也变得越来越激烈。在软文营销日益发展的今天，各行各业都纷纷投向了软文营销的市场，教育行业也不例外。

6.3.1 教育行业推广存在的问题

现在教育行业使用的一些推广方式都存在一些问题，如图6-4所示。

图6-4 教育行业推广存在的问题

1．硬广成本太大

硬广的成本是非常高的，如果将这笔高昂的费用放在真正的教育上，而不是教育推广上，将更有价值。

2．竞价成本太大

硬广是以周期性计费的，而竞价是以点击计费的。搜索引擎虽然成功地为企业打开了另外一扇门，同时也为企业挖下了一个巨大的坑。

3．单一机构品牌太小

全国各地有大量规模不一的教育培训机构，但是大多数人只记得一些大型教育培训机构的品牌，在有需求时也只会选择这些著名品牌。单一机构品牌太小，推广难度大。

4．营销方式单一

虽然现在大量新媒体应运而生，但是教育行业很少使用这方面的渠道进行推广。教育行业的营销方式过于单一，没有创造出全新的模式。

6.3.2 软文营销改善教育行业推广的窘境

由于互联网具有覆盖范围广、传播速度快、更新频率快等优点，为了加深用户对教育行业的印象，借助软文在网络上进行推广是上上策。软文营销具有成本低、影响大、见效快及覆盖面广等特点。相比硬广和竞价广告而言，有着无法比拟的优势。

如果你从事教育行业，而且还在使用传统的营销模式，只能说明你的教育事业无法跟上时代的步伐。那么，我们应该如何通过软文营销来迎合这个时代，通过软文营销来增加我们的收益呢？

1．构建品牌

学生在选择培训学校或培训班时，往往非常重视教育机构的品牌。如"英孚英语""北大青鸟"，这些品牌的塑造，使想要学习英语的学生纷纷选择了英孚，想要学习计算机的学生纷纷选择了北大青鸟。

但是这能说明其他教育机构的水平不如它们吗？其实并不是，只是其他教育机构或许不擅长营销。因此，就算有再优秀的老师，能够教出再厉害的学生，依然没有知名度，也就不会有学生前去报名和学习了。

所以，我们可以通过构建品牌，以品牌为基础，通过软文进行推广，在互联网上引起一定的轰动。通过构建品牌，可以快速地将自己的品牌传播到互联网上，迅速提升品牌形象。

2．创新广告词

广告词代表了一家企业的文化，我们经常会因为一句广告词而想到该企业的产品，教育行业也不例外。以新东方的广告词为例："世上本没有路，走的人多了就成了路。世上本没有新东方学校，来的人多了，就有了新东方。"我们要想通过软文来进行营销，那么就有必要创新出属于我们自己教育机构的广告词。

3．合理利用新闻

教育行业的软文应该以新闻为主要的展现形式，教育机构的招生信息、师资力量、教学设备、入学率、升学率等各项优质教育信息、资源、成果，以及教育机构正面的、能产生积极效应的新闻素材，无疑都能打造出优秀的软文。软文以新闻的形式，通过门户类网站、新闻类网站、教育行业类网站、博客、论坛贴吧等发布平台进行及时、真实、巧妙的发布，增加机构网络曝光度。软文具有强大的网络扩散性，对受众产生潜移默化的影响，一定会收到意想不到的效果，但需注意虚假信息对教育机构的形象和品牌的巨大负面影响。

4．小结

教育行业一直是国人重点关注的行业，具有广大的市场前景。软文营销对教育行业现状及将来的发展，都有着不可替代的作用。

6.3.3 案例分享：曾经的懦弱，如今的坚强

北京此刻的天气显得异常寒冷，雪花在天空中不断地飞舞。而那刺耳的风声也在耳边不断地闪过，伸出手去也触碰不到任何事物，只是一阵冷风罢了。安娜不禁抬头向前望去，前方什么都没有，只有一盏矗立在冷风中，闪烁着微弱光芒的路灯。

安娜是一名大四的学生，因为自己是一名女生，而且毕业于一所普通的二本院校，所以想要找到一份合适的工作显得特别困难，而如今离自己毕业的日期也越来越近，眼看着就要离开这所自己待了四年的学校，可是工作却还没有任何着落。她现在的心情就像这北京寒风刺骨的天气一样，冰冷到了极点，无力感、无助感、自卑感一齐涌上心头。

在寒风瑟瑟的街头，身体不自然地缩成一团，终于等到了一辆开往学校的公交车，安娜毫无生气地跟随着人群挤进了公交车。安娜脑子里一片空白，面对着又一次面试失败的打击，安娜不禁在心中问自己，到底该何去何从。

上了公交车找了一个僻静的座位坐下，望向窗外，安娜想让全世界都静止下来，任由自己的泪滴在眼圈中打转，似乎只有这样才能证明自己的存在。就这样，公交车开了一路又一路，突然车上来了两个男孩，看上去和安娜差不多大。两个男孩非常活跃，在安静的车厢内欢快地聊着天，"今天真的太刺激了，从来没有想过自己会像一个领导似的在台上讲话。"安娜心想，这不正是自己想要的吗？自己什么时候才能像他们那样站在台上大声地讲话。

安娜想着自己的面试失败，正是因为自己不敢说话导致的。如果自己也能像他们那样去演讲，那么面试肯定是没有任何问题的。想到这里，安娜鼓起勇气打断了他们的谈话，并问道"你……好，你们那个演讲在哪里举行的，我可以参加吗？"男孩看到安娜紧张的样子，笑着说道："当然可以啊，只要你想去就可以去啊。"男孩接着说，"这个活动的名称叫作××××，是×××公司举办的，里面有许多能言善辩的老师和学生。""好呀，实在太好了，我就想锻炼自己呢，还有机会吗？"安娜激动地问道。"当然有啊，这个活动每周一次，这样吧，下次我带你一起去吧。"男孩显得十分热情主动。"那行，先谢谢你了。"安娜与那名男孩互留了电话，最后安娜满怀希望地回到了学校。

到了下个星期举办活动的时间，男孩联系上了安娜，并和她一起参加了这次活动。安娜发现，这里有许多人和她一样的人，都是年龄相仿的大学生，大家都希望改变自己这种内向、与人沟通心生胆怯的状态。活动开始之后，首先做的是演讲方面的培训，老师希望每个人都能进行自我介绍。安娜显得十分胆怯，和他一起去的男生看出了安娜的心思，走到她身边，小声地说："没事的，相信自己，你能行，加油。"于是安娜鼓起了勇气，开始做自我介绍。

就这样，安娜在这个活动之后增添了自信，从这个活动当中学到了很多，同时也结交了非常多的朋友，大家一起学习，变得自信。

如今的安娜已经是一名公司的经理，有着自己的团队。每当安娜向她的团队成员说起这件往事的时候，都会感慨："如果没有当初的那次经历，我现在都不知道在做些什么。真的要感谢那些活动，让我收获了很多，并且让我拥有了自信，也找到了自己。"

安娜的成功感染了身边许多人，没有口才、胆怯、不敢大声表达自己的内心，是现在许多大学生的通病。只有不断地加强自信，才能真正地找到自己，并且取得最大的成功。

案例分析：

本案例以故事的形式展开，首先以环境来描写当时主角的内心，随后以面试失败、前途渺茫的人物现状对人物进行介绍。这些都非常贴近现在大学生无助的心理。之后又以第三方人士的加入，激起了主角的好奇，正好为主角的困境带来了解决方案。这里巧妙地将广告植入软文当中，故事中的活动名称，为软文阅读者提供了查找该公司信息的入口。在接下来参加的活动中，并没有展现得太多，这是为了给读者一个遐想的空间。而最后通过安娜的成功及回忆，让读者清楚地知道，安娜已经得到了改变，接下来就是读者的改变了。

这是一篇较为朴实但贴近现实生活的教育行业软文，植入的演讲口才培训机构，其他教育机构同样可以利用这样的模式进行软文的撰写。

6.4 医疗类软文

医疗是一个存在较多争议的行业，这是因为医疗涉及的是人的生命健康。人类有一个共性，就是生病的时候才会觉得花钱值得，而等病治好之后又会觉得钱花得冤枉。这与吃饭、学习的消费观念不同，吃饭能填饱肚子，而学习能填充脑子，假如本身人等于1，而吃饭、学习是附加值，最后大于1。而医疗是治病，生病就相当于小于1，花钱治好之后才等于1。所以医疗是一个比较难切入的行业，正因为如此，医疗行业的软文也要求比其他行业的软文严谨得多。

6.4.1 医疗软文的写作思路

最近几年，百度公司为了加强互联网传播的真实性，开始不断打击虚假网络信息，以保护网民的安全，这其中最受限制的就是医疗行业。而软文营销的出现，恰好解决了这一难题。

医疗行业的网站处于不收录、无排名的特殊前提下，医疗软文营销为医疗行业打开了另一扇窗。我认为，医疗软文营销的关键在于软文本身，一篇好的医疗软文能够起到事半功倍的作用。

那么，要想写好医疗软文，我们应该从哪几个方面入手呢？

1. 围绕问题而来

医疗是一个比较特殊的行业，人不会因为肚子饿才去吃饭，但是人肯定会因为生病才会去医院。简单来说，患者一般都是带着疑问去网上查找信息的。而医疗行业的编辑和文案是非常多的，写作方式自然也是千变万化。但是无论我们从哪个角度去撰写医疗行业的文章，都必须把为患者解决问题作为首要任务。优先让患者觉得，他的病是可以通过我们医院的技术治好。

2. 问题的原因

有了方向之后便是合理解答。患者并不知道自己得了什么病，他只会说出一些身体的症状，如胃疼、头疼等。所以我们必须能够非常清楚地解答，并且从软文中告诉患者，他患病的原因，从而让患者从心理上觉得，这是一个有经验的医生写的文章。

3. 解决问题

当我们弄清了患者的需要，也知道了患者患病的原因，那么接下来就是解决问题了。此时，我们就应该重点将疾病的解决办法告诉患者，要让患者对我们所描述的解决办法，无论是用药还是手术，产生信任感。

4. 展示实力

现在我们已经初步取得了用户的信任，那么接下来该怎么继续下去呢？现在互联网上的广告参差不齐，到处都是各种医疗广告，患者是无法很直观地判断的。所以我们的软文就不能随意跟风，切忌人云亦云。在这种时候就非常有必要指出医院的权威性，如获奖纪录、十佳医院、老百姓医院等。这种权威性的信息更能取得患者的高度信任。

5. 善意提醒

通常包含以上四步的软文就可以称为一篇完整的医疗软文了，但是还不能结尾。许多医疗行业的文案会使用添加联系方式的手法作为结尾，但这其实并不值得借鉴，因为在软文中我们就可以植入这样的信息。在结尾部分，最好加上一些友情提示、善意提醒之类的话。这样做的目的就是增加用户体验，我们要通过文字缓解患者心中的焦虑。

6.4.2 案例分享：龅牙妹的春天

在我很小的时候就有人说我的牙齿是龅牙，可是我不信。因为我的牙齿从小就非常好看，而且很白，也有许多人说我的牙齿很漂亮。

可是慢慢长大之后，越来越多人都说我是龅牙。我又是一个比较爱笑的女生，可是每当我开心地笑的时候，别人就在边上说我是龅牙。刚开始觉得其实也没什么，只要坚持自己的梦想，努力上进，自己还是一个非常完美的女孩子。就在我觉得龅牙并不是一件大事的时候，发生了一件让我意想不到的事，很快改变了我的想法。

那时刚上大学，因为大学属于开放式管理，所以在大学谈恋爱也成了一件常事。同寝室的姐妹纷纷交上了自己喜欢的男朋友，她们外出约会，只有我一个人在寝室发呆，没有人向我表白。我想我也是一个大美女啊，怎么就没有人追求我呢，这对我的打击有点大。于是我将心中的疑问告诉了我的姐妹丹丹。丹丹说："其实我也一直不好意思说你这个事，你该去把你那个牙齿整整了，要不然谁会喜欢上你这个龅牙妹啊。"我很不满地说道："龅牙妹怎么了，龅牙不是挺可爱的吗？"丹丹回了我一句"无可救药"之后就离开了。

可是我心里还是很不服气，我想终将有一天，我会遇到喜欢我的那个男孩子。看着身边的姐妹和班上的同学，有些比我丑的都找到了男朋友。而我只能一个人去上课，一个人回宿舍。每当她们谈论彼此的男朋友的时候，也就只有我被冷落到一旁。就是因为我没有男朋友，我甚至觉得我是一个多余的人。

我觉得我不能这样下去，如果没有人喜欢我，那我就主动出击。那天晚上，我找到了我心仪已久的男生。本来以为，男追女隔座山，女追男隔层纱。可是没想到的是，当我向他表白之后，他狠狠地嘲笑了我一番，他说他怎么会喜欢龅牙妹呢？

听到这句话我非常伤心，我伤心不是因为他拒绝了我，也不是因为他嘲笑了我，而是因为我没有想到这一切都是因为我自己不在意的龅牙造成的。我认真思考了一下，觉得如果我再继续这样不在意下去，将来不仅找不到男朋友，更可能连工作都找不到。

于是我到学校附近的"××口腔医院"进行了咨询，想知道我现在的龅牙是否可以矫正。医院的医生非常耐心地告诉是可以的，但是由于我的年龄已经超过了十五岁，所以治疗的时间会比较长一点。因为矫正牙齿的最佳时间是十五岁之前，那正是颌骨发育的时期，治疗会比较迅速而且效果也比较理想。年龄越大，治疗起来的难度也就越大，治疗口腔类的问题还是尽早比较好。

在经过了剔除多生牙和埋牙之后，医生对我进行了牙齿矫正的处理。然后又将矫正器带入我的口腔里。就这样，经过了一年左右的治疗，我的龅牙终于得到了矫正。我从一个不讨人喜欢的龅牙妹，变成了一个大美女。

我毕业之后，因为形象气质不错，加上在大学四年也努力学到了很多知识，经过努力成了一家公司的主管；再后来我遇到了心中的那个他，并且过上了幸福的生活。正是因为我的牙齿得到了矫正，我找到了满意的工作和爱情。

另外，我想告诉大家一些关于牙齿矫正方面的知识，这些都是通过我的治疗经历总结的。通常来说，年龄小、身体健康、口腔条件好的小孩治疗起来的效果会更好。如果口腔内有严重的牙科疾病，治疗起来就会比较麻烦。在条件允许的情况下，希望各位家长可以带孩子每年做一次口腔检查。

常见的乳牙地包天应在4岁左右治疗，替牙期应在7～12岁，而恒牙的矫治最佳时期为12～14岁；矫正是在保持原有牙齿形态不变的前提下，对牙齿进行重新排列，恢复口腔功能与正常形态的过程，矫正牙齿并不是单纯为了美观，实质上是一个口腔骨骼的生物学改建过程，这个过程一般需要两年左右的时间；目前矫正技术种类还是不少的，主要有活动矫正器技术、方丝弓技术、Begg技术、TN矫正技术、亚历山大矫治技术，现在还有更先进的MBT矫治技术。

最后希望大家都能有一个健健康康的口腔，不必为了口腔和牙齿矫正的问题而烦恼。

案例分析：

这篇文章看上去就是一个女孩的治疗经历分享，但其实是一篇不折不扣的故事型软文。软文的标题显示目标客户很明确，就是"龅牙妹"。希望那些患有龅牙的患者看到了之后，能够到"××口腔医院"进行治疗。

整篇软文故事结构非常清晰，从女主角虽然知道自己是龅牙，但是因为相信自己而没有做出改变。最后到了大学才慢慢意识到问题的严重性，还被自己喜爱的男生嘲笑。随后便决定矫正自己的牙齿，而且是随意选择了一家医院，而并非通过网络上的广告，这样更能取信于读者。

这篇软文最聪明的地方就在于没有多次强调医院的名称，而只用了一次。让读者觉得说出一次医院的名称是顺理成章的事。文中介绍的牙齿矫正的知识，文末的祝愿，都是能为这篇软文加分的地方。

因为故事是比较普通的故事，正是因为如此更能获得读者的信任。读者会由自己的口腔问题，自然而然地想到软文中的口腔医院。有的读者或许会去了解这家医院，而有些患者或许会直接去这家医院进行牙齿矫正或治疗口腔疾病。

总体来说，以上这篇软文让"××口腔医院"品牌印象不知不觉地进入了龅牙患者的心中，并利用了一定专业知识增加了文章的含金量，使读者产生信赖。